D1857813

Frankfurter Kochbuch

Societäts-Verlag

Auswahl der Rezepte und Redaktion: Ingeborg Bäumler

Fachliche Beratung
für die Rezepte der Suppen, Fisch-, Fleischspeisen, Soßen, Gemüsespeisen: **Bernhard Stumpf,** Küchenchef des Steigenberger Hotel Frankfurter Hof
für die Rezepte der Süß-, Nachspeisen, Kuchen und Plätzchen: **August Klein,** Chefpatissier des Steigenberger Hotel Frankfurter Hof
für die Getränke: **Klaus Vogt**, Restaurantdirektor des Steigenberger Hotel Frankfurter Hof, Mitglied der Union Sommelier Deutschland.

Alle Rechte vorbehalten · Societäts-Verlag
© 1980 Frankfurter Societäts-Druckerei GmbH
Umschlaggestaltung Heinrich Müller
Satz und Druck Poeschel & Schulz-Schomburgk
Buchbinderische Verarbeitung May & Co.
Printed in Germany 1980
ISBN 3 7973 0331 9

Inhalt

Geleitwort

Freier Warenverkehr und wachsender Wohlstand haben uns in den letzten Jahren eine internationale Küche beschert, von deren Vielfalt unsere Eltern nur träumen konnten. Gleichzeitig aber hat uns die Nostalgiewelle, jene sehnsuchtsvolle Rückerinnerung an die »gute, alte Zeit« auch wieder auf den Geschmack der Kochkunst gebracht, wie sie das bürgerliche Frankfurt einstmals pflegte: eine lokale, eine regionale Küche, die ihre typischen Eigenschaften und Vorzüge hat.
So müssen sich die mit großer Akribie ausgewählten Rezepte dieses »Frankfurter Kochbuchs« keineswegs verstecken. Sie beschreiben in ihrer Fülle und Eigenheit die Überlieferung hessischer Geschmacksrichtung und die typisch Frankfurter »Bearbeitung« von internationalen Gerichten. In Sachen Kochkunst hat Frankfurt einen guten Ruf. Im Januar 1537 erschien hier das erste Kochbuch von Christian Egenolff »Koch und Kellerei von allen Speisen und Getränken«, und die Gasthöfe hatten, wie hier zu lesen ist, internationalen Rang.
Als sich der Herzog von Weimar zu Besuch bei Frau Rat Goethe ankündigte, soll sie gesagt haben: »Vor Fürsten fürcht' ich mich nicht – ich kann kochen.« Nun, mit der »Frankfurter Stubb« versucht unser Haus schon seit längerer Zeit diese gute Tradition weiter zu pflegen. Nicht umsonst hatte auch unser Kochwettbewerb »Alt Frankfurter Rezepte« ein so positives Echo gefunden. Das Publikum nahm Anteil bei der Suche nach bewährten Frankfurter Rezepten; zumal nachdem die »Frankfurter Neue Presse« laufend über die Ergebnisse informierte und für eine lebhafte Beteiligung warb, wurde er zum lokalen, ja regionalen Ereignis erhoben.
Das vorliegende »Frankfurter Kochbuch« ist auf der Grundlage dieser Idee entstanden. Wenn es dazu beiträgt, Ihre häusliche Küche zu bereichern, erfüllt es seine Aufgabe.

Egon Steigenberger

Küfer Weinhändler

Vorwort

So einfach war es gar nicht, dieses Kochbuch zusammenzustellen. Zwar sind viele seiner Rezepte nicht gar so neu, aber ich glaube schon, daß diese Sammlung ihren eigenen Reiz hat. Die Rezepte stammen zum Teil aus dem Kochwettbewerb des »Steigenberger Hotel Frankfurter Hof«, zum Teil aber auch aus den fast unübersehbaren Beständen des Frankfurter Stadtarchivs; das sind aber Gerichte, die in ihrer ursprünglichen Form den heutigen Gewohnheiten natürlich nicht mehr voll entsprechen. Aus diesem Grunde wurden sie allesamt vom Küchenchef des »Steigenberger Hotel Frankfurter Hof« liebevoll korrigiert und modernisiert.

Die Portionen – sie gelten jeweils für vier Personen – die Gewürze und die Zutaten sind so bemessen, daß sich Kalorienbewußtsein wie die gute alte Frankfurter Küche durchaus vertragen können. Die Rezepte für eine bürgerliche Küche in ihrem besten Sinne, sollen aber auch den Geldbeutel nicht strapazieren.

Wir haben uns außerdem gedacht, daß wir Ihnen durch eine Empfehlung, welches Getränk zu welchem Essen gut paßt, die Auswahl erleichtern. Die Getränke, etwa die deutschen Weine, sind so ausgewählt, daß sie mühelos in jedem gut sortierten Einzelhandelsgeschäft erhältlich sind.

Viel Spaß also beim Nachkochen und guten Appetit!

Ingeborg Bäumler

Gemüsehändlerinnen Dienstmädchen

Schlemmer Speisen

Die Schlemmerspeisen sind vergangen,
nur noch im Märchen eingefangen –:
Nur Prinzen mit dem Märchenmagen,
wir können sie nicht mehr vertragen;
nur Prinzen aus den Märchenzeiten,
wir können sie nicht mehr bestreiten.

Schlemmerspeisen

Geflügelsalat mit Selleriestreifen

Zutaten:

400 g gekochtes Hühnerfleisch
1 kleine Sellerieknolle
1 mittelgr. Zwiebel
75 g gehobelte Mandeln
1 kl. Dose Mandarinen
15 gefüllte Oliven
1 Becher Joghurt
150 g helle Trauben
Saft einer Zitrone
2 Eßl. Fleischbrühe
Salz, weißer Pfeffer
1 großer süßer Apfel
Petersilie

Zubereitung:

Das Hühnerfleisch in kleine Würfelchen schneiden. Die Sellerieknolle und den Apfel schälen, waschen und in 2 cm lange feine Streifen schneiden. Zwiebel schälen und fein hacken. Hühnerfleisch, Sellerie und Zwiebel in eine Schüssel geben. Mit Zitronensaft, der Fleischbrühe und den Gewürzen abschmecken. Das Ganze etwa 1 Stunde kühl stellen und etwa 1 Stunde ziehen lassen. Oliven und Mandarinenscheiben halbieren und zusammen mit den gewaschenen Weintrauben unter den Geflügelsalat mengen. Zum Schluß die Mayonnaise unterziehen. Salatschüsselchen mit Salatblättern auslegen und portionsweise den Geflügelsalat hineingeben. Mit Petersilie garnieren.

Beilage: Toast

Getränk: Halbtrockener Muskat aus dem Rheingau

Heringssalat

Zutaten:

1 kleiner Kopf Weißkohl (etwa 500 g)
4 Matjesheringe
175 g durchwachsener Speck
Salz, weißer Pfeffer
2 große Äpfel
Essig nach Geschmack
Zucker

Zubereitung:

Vom Weißkohl die äußeren Blätter entfernen, vierteln, waschen und den Strunk herausschneiden. In kochendes Salzwasser geben und kurz aufkochen lassen. Sofort auf ein Sieb geben, abtropfen und abkühlen lassen.
Den durchwachsenen Speck inzwischen in Würfelchen schneiden und in der Pfanne leicht anbraten.
Äpfel schälen, Kerngehäuse entfernen und in Würfelchen schneiden.
Matjesheringe häuten, Gräten entfernen und unter fließendem Wasser abspülen. Mit einem Haushaltstuch trockentupfen. (Sehr salzige Heringe vorher 2 Stunden in Milch legen). Die Heringsfilets in feine Streifen schneiden.
Den Weißkohl, die Heringsfiletstreifen, die Apfelstückchen, die Speckwürfelchen in eine Schüssel geben und gut mischen. Mit Essig, Zucker, Salz und Pfeffer gut würzen

und vor dem Anrichten etwa 2 bis 3 Stunden durchziehen lassen.

Getränk: Bier und Schnaps

»Frankfurter« Leberterrine

Zutaten:

150 g Weißbrot
3/8 l Milch
300 g Schweine- oder Kalbsleber
150 g mageres Kalbfleisch ohne Sehnen
150 g frischer Speck
1 kleine Zwiebel
1/2 Bund Petersilie
3 cl Cognac
Salz, weißer Pfeffer
Pastetengewürz (in einem Gewürzhaus erhältlich)
1 Prise getrockneter Majoran
2 Eier
150 g durchwachsener Speck

Zubereitung:

Zunächst das Weißbrot in eine Schüssel geben und etwa 15 Minuten mit Milch weichen lassen. Inzwischen die Leber von den Röhren und Hautresten befreien. Die Leber und das Kalbfleisch unter kaltem Wasser abspülen und trocken tupfen. Das Weißbrot ausdrücken, mit der Leber, dem Kalbfleisch, dem frischen Speck und der geschälten Zwiebel (damit alles besonders sämig wird) durch den Fleischwolf drehen. Dann in eine Schüssel geben. Petersilie fein hacken und mit dem Cognac, den Gewürzen und den Eiern zu der Masse geben. Alles zu einem glatten Brei verarbeiten. Eine Pasteten- oder Kastenform am Boden und Rand mit 2/3 der Speckscheiben auskleiden und den Pastetenteig hineingeben und glattstreichen. Die restlichen Speckscheiben darauf legen. Im Wasserbad in den vorgeheizten Ofen stellen. Garzeit bei 200 Grad etwa 75 Minuten.
Danach herausnehmen, auf eine Platte stürzen und in Scheiben schneiden.

Getränk: Halbtrockene Würzrebe (Traminer, Gewürztraminer, Morio-Muskat) aus Rheingau oder Pfalz

»Polnischer« Salat

Zutaten:

2 1/2-3 Pfund Kartoffeln
1/2 Glas rote Rüben
1 Gewürzgurke
1 Apfel

Zubereitung:

Die Kartoffeln einen Tag vor der Zubereitung kochen. Wie für die Zubereitung eines Kartoffelsalates pellen und in feine Scheibchen schneiden. Die roten Rüben ohne Saft dazu geben. Den Saft auffangen. Die kleingeschnittenen Fleisch-

$^1/_2$ Pfund roter Heringssalat oder 4 Salzheringe
2 hartgekochte Eier
200 g Bratenreste (kann auch Suppenfleisch und Schinken oder Salami oder verschiedene andere Fleischreste sein)
$^1/_4$ l saure Sahne
1 Eßl. Kapern
2 Eßl. Essig
Salz, Pfeffer

reste und die Eier hinzugeben. Den Schnittlauch, die Kapern und den Apfel fein hacken, dazugeben und mit dem roten Heringssalat unter die Masse mischen. Mit Salz, Essig und Pfeffer würzen und zum Schluß die saure Sahne unter den Salat ziehen. Den Salat 4 bis 5 Stunden ziehen lassen.
Je nach Kartoffelart benötigt man noch ein wenig Flüssigkeit. Hierzu eignet sich dann der Roterübensaft, der nach und nach über den Salat gegossen wird.

Dieser Salat kam schon im 18. Jahrhundert in Frankfurt zu Silvester auf den Tisch

Getränk: Bier und Wodka

Schneckenspießchen

Zutaten:

1 Dose Weinbergschnecken (24 Stück)
120 g ganz dünner Frühstücksspeck (24 dünne Scheiben)
weißer Pfeffer, Salz
125 g Champignons
2 mittelgr. Zwiebeln
1 große Knoblauchzehe
50 g Butter
6 cl trockener Wermut
$^1/_8$ l Sahne
$^1/_4$ l saure Sahne
$^1/_2$ Bund Kerbel

Zubereitung:

Die Schnecken im Sieb abtropfen lassen. Die Brühe in einem Topf auffangen. Die Speckscheiben mit Pfeffer bestreichen. Die Schnecken in die Speckscheiben rollen und je 6 Stück auf Holzspießchen stecken. Die Champignons waschen und putzen und in $^1/_2$ cm große Stückchen schneiden. Zwiebeln und die Knoblauchzehe schälen und fein hacken. Die Butter jetzt in einer Pfanne erhitzen und die Spießchen auf jeder Seite etwa 1 bis 2 Minuten braten. Sie dann aus der Pfanne nehmen. Den Bratsatz mit Wermut ablöschen und 10 Minuten leicht einkochen lassen. Anschließend Zwiebeln und Knoblauch reingeben und bei leichter Hitze glasig werden lassen. Die Champignons mit der Sahne zu den Zwiebeln geben, salzen und garen lassen (ungefähr auf die Hälfte einkochen lassen). Kerbel waschen und fein hacken. Zusammen mit den Schneckenspießchen in die Soße geben und etwa 5 Minuten ziehen lassen.

Beilage: Reis

Getränk: Rheingauer Weißwein (oder Muskat)

Bürgersleute

Suppen

Nicht leicht gemacht sind gute Suppen:
Wer etwas kann, wird sich entpuppen.
Ist schon die Suppe gleich mißraten,
hat man schon keine Lust zum Braten.

Suppen

Aalsuppe

Zutaten:

750 g frischer Aal
750 g Rindfleischknochen
3 Bund Suppengrün
1 mittelgroße Zwiebel
5 Pfefferkörner
2 Nelken
1/4 l herber Weißwein
40 g Butter oder Margarine
1/4 l Weinessig
3 l Wasser
1 1/2 Eßl. Zucker
1 Eßl. Mehl
125 g Erbsen (frisch oder tiefgekühlt)
1 Teel. Thymian
1 Teel. Salbei
1 Bund Petersilie
Salz, Pfeffer

Zubereitung:

Die Knochen gut waschen und in einen Topf geben. Mit 1 1/2 Liter kaltem Wasser aufgießen und 2 Stunden garen. Inzwischen das Suppengrün gründlich waschen und, wie auch die Zwiebeln, in grobe Stücke schneiden. Petersilie waschen und grob hacken. In den letzten 30 Minuten diese Zutaten zu den Knochen geben und mitkochen. Mit Salz und Pfeffer würzen. Den Schaum immer wieder abschöpfen. Die Knochen nach der Garzeit herausnehmen. Den Aal ausnehmen, putzen und häuten. In 3 cm große Stücke schneiden und zusammen in einem zweiten Topf mit 1 1/2 Liter Wasser und 1/4 Liter Wein, mit der zerkleinerten Zwiebel, dem Essig, Pfefferkörnern, Nelken, Thymian, Salbei und dem Salz etwa 20 bis 30 Minuten kochen.
Zwischendurch eine Mehlschwitze anfertigen und die Brühe damit binden. Die Suppe aufkochen lassen. Anschließend die Zutaten des zweiten Topfes (Aal und Gewürze) in die Brühe geben. Zum Schluß aufkochen lassen.

Äbbel-Supp

Zutaten:

3/4 l Wasser
125 g Zucker
1 gestr. Teel. Speisestärke
1 Eigelb
250 g Apfelschnitzel
Saft einer halben Zitrone
3 Eßl. Rosinen
1/4 l Sahne
1 Tütchen Suppenmakronen
1/8 l Wein

Zubereitung:

Die Rosinen in heißem Wein einweichen. Die Äpfel schälen, das Kerngehäuse entfernen und vierteln.
Wasser und Zucker aufkochen. Die Speisestärke mit Wasser anrühren und die Suppe damit binden. Eine halbe Tasse von der Suppe abnehmen und darin das Eigelb verquirlen. Die Suppe vom Feuer nehmen und anschließend darin das Eigelb einrühren. Die Apfelstücke mit Zitronensaft beträufeln, mit einem Mixer zerkleinern und in eine Schüssel geben. Die in Wein getränkten Rosinen dazugeben. Die Sahne unterrühren und unter leichtem Schlagen mit einem Schneebesen in die Suppe mischen. Diese Suppe wird kalt serviert. Mit Suppenmakronen garnieren.

»Frankfurter« Äbbelwoi-Suppe

Zutaten:

1 1/2 l Apfelwein
1/2 l Wasser
1 Zimtstange (2 cm lang)
2 Zitronenscheiben (ohne Kerne)
130 g Zucker
2 Eigelb
1 Eßl. Mehl

Zubereitung:

In einem glasierten, feuerfesten Topf (keinesfalls in einem Metalltopf) wird der Apfelwein zusammen mit Wasser, Zucker, dem Zimt und den Zitronenscheiben etwa 15 Minuten gekocht. Das Mehl wird mit einer halben Tasse Wasser glatt angerührt und unter ständigem Rühren mit dem Schneebesen (damit es keine Klümpchen gibt) in den kochenden Apfelweinsud gerührt. Noch einmal etwa 5 Minuten aufkochen lassen. Den Topf vom Feuer nehmen und zum Schluß mit 2 Eigelb legieren.

Eventuell kann man einige Scheiben Milchbrötchen im Backofen hellgelb rösten und oben auf die Suppe legen.

Broccoli-Rahmsuppe

Zutaten:

750 g Broccoli
2 kleine Zwiebeln
1 Eßl. Mehl
30 g Butter oder Margarine
3/4 l Broccoliwasser
1 Prise Zucker
2 Eigelb
weißer Pfeffer, Salz, Muskat
1/8 l Sahne

Zubereitung:

Broccoli waschen und putzen. Dann in Stücke schneiden, in das kochende Salzwasser geben und etwa 30 Minuten kochen. Auf einem Sieb abtropfen lassen. Die Flüssigkeit in einem Topf auffangen.
Zwiebeln sehr klein schneiden. Fett in einem Topf erhitzen und die Zwiebeln darin glasig werden lassen. Mit Mehl bestäuben und anschwitzen. Unter ständigem Rühren mit Broccoliwasser auffüllen. Broccoli in die Suppe geben. Noch einmal leicht aufkochen lassen. Mit Salz, Pfeffer, Zucker und Muskat würzen. Anschließend das Ganze durch ein Sieb passieren. Die Suppe noch einmal erhitzen. Das Eigelb mit der Sahne verquirlen und in die Suppe rühren.

Dill-Krabben-Suppe

Zutaten:

1 Paket Tiefkühlkrabben
2 mittelgroße Zwiebeln
30 g Butter oder Margarine
1/4 l herber Weißwein
1 l Fleischbrühe
1/4 l süße Sahne
2 Eßl. Speisestärke
Saft einer Zitrone
1 Messerspitze Paprika
1 Teel. feingehackter Dill
fertige Speisewürze

Zubereitung:

Die Krabben auftauen. Die Zwiebeln schälen, fein hacken. Die Butter oder Margarine im Topf erhitzen und die Zwiebeln darin goldgelb dünsten. Die aufgetauten Krabben dazugeben und etwa 5 Minuten mitdünsten lassen. Mit Weißwein ablöschen und mit Fleischbrühe auffüllen. Die Suppe noch einmal erhitzen, vom Feuer nehmen und mit Paprika, Dill und fertiger Speisewürze würzen. Nach Belieben die Suppe mit Zitronensaft etwas säuerlich abschmecken. Zum Schluß die Sahne unterziehen.

»Frankfurter« Erbsensuppe

Zutaten:

750 g Tiefkühlerbsen
1/4 l Fleischbrühe
1/2 l Milch
1 Bund Petersilie
125 g gekochter Schinken
4 Frankfurter Würstchen
Zwiebelsalz

Zubereitung:

Die Erbsen auftauen und mit heißer Fleischbrühe übergießen. Alles zusammen in einen Mixer geben und pürieren. Die Suppe in einen Topf geben und unter ständigem Rühren mit einem Schneebesen die Milch zugießen. Mit Zwiebelsalz würzen und aufkochen lassen. Den Schinken in feine Streifchen schneiden, die in feine Scheiben geschnittenen Würstchen und die fein gehackte Petersilie in die Suppe geben. Noch einmal kurz aufkochen lassen.

»Frankfurter« frische Erbsensuppe

Zutaten:

1 1/2 Pfund durchwachsenes Ochsenfleisch
2 Rosenknochen
2 trockene Brötchen
1 Pfund Erbsen (besonders gut schmeckt die Suppe mit frischen Erbsen)

Zubereitung:

Das durchwachsene Ochsenfleisch, Knochen und Suppengrün unter kaltem Wasser gut waschen. In einen Topf geben, kaltes Wasser dazugeben und zum Kochen bringen. Die Kochhitze reduzieren und etwa 1 1/2 Stunden ziehen lassen. Nach einer Stunde erst salzen. Das Suppengrün gründlich waschen. Die Möhren nicht zerkleinern, den Lauch in 6 cm lange Stücke schneiden, Tomaten ganz lassen.

1 Kopf Salat
2 Tomaten
1 Bund Suppengrün
1 Eßl. Mehl
1/8 l saure Sahne
2 Eßl. Butter oder Margarine
Salz, Pfeffer

In der Zwischenzeit werden die Brötchen etwa 10 Minuten in Wasser eingeweicht, die Erbsen verlesen, der Salat gewaschen. (Vom Salat können auch die Außenblätter verwendet werden).
Erbsen, Salatblätter und die ausgedrückten, zerzupften Brötchen werden in heißem Fett (Butter oder Margarine) etwa 1/4 Stunde gedünstet. Den dadurch hergestellten Brei mit einem Löffel Mehl bestäuben.
Die inzwischen hergestellte Brühe durch ein Sieb passieren und über die breiige Masse geben. Dabei ständig rühren, bis eine sämige Suppe entsteht. Danach das Ochsenfleisch mit der Suppe eine weitere 3/4 Stunde leicht kochen lassen. Zum Schluß die saure Sahne unterziehen und nach Geschmack würzen.

»Frankfurter« Frühlingssuppe (Sauerampfer-Creme-Suppe)

Zutaten:

250 g Sauerampfer
40 g Butter oder Margarine
40 g Mehl
1 l heiße Fleischbrühe
1/8 l saure Sahne
2 Eigelb
1 Prise Zucker und Salz
2 Scheiben Weißbrot
20 g Butter
Saft einer Zitrone

Zubereitung:

Den Sauerampfer verlesen und gründlich in kaltem Wasser waschen. Tropfnaß in einen Topf geben und 5 Minuten erhitzen, bis die Blätter zusammenfallen und weich sind. Auf einem Sieb oder Haushaltstuch abtropfen lassen. Den Sauerampfer sehr fein hacken, oder mit einem Küchengerät zerkleinern.
Butter in einem Topf erhitzen und Mehl darin hellgelb anschwitzen. Die vorher aufgekochte Brühe unter ständigem Rühren dazugeben und kurz aufkochen lassen.
Sauerampfer anschließend dazugeben. Saure Sahne und das Eigelb verquirlen und in die Suppe rühren. Die Suppe noch einmal kurz erhitzen, allerdings nicht mehr aufkochen. Mit Zucker, Salz und Zitronensaft abschmecken. Die Weißbrotscheiben ohne Rinde würfeln. Butter in der Pfanne erhitzen und die Weißbrotwürfel darin braun und knusprig braten. Die Sauerampfersuppe sofort heiß servieren und darüber die knusprigen Brotwürfel geben.

Leider ist in Hessen der Sauerampfer viel zu wenig bekannt. Sammeln Sie also auch einmal die wildwachsende Pflanze im Frühjahr und Sommer. Zu diesen Jahreszeiten sind die Blätter noch zart und jung und der Geschmack kommt intensiver zur Geltung.

Hammelfleisch-Gemüse-Eintopf

Zutaten:

750 g Hammelfleisch (Schulter)
250 g Weißkraut
250 g Kartoffeln
2 mittelgr. Zwiebeln
Salz, Pfeffer, Kümmel
50 g Butter, Margarine oder 4 Eßl. Öl
1 Bund Suppengrün
30 g Mehl
3/4 l Fleischbrühe
250 g Karotten
100 g Tomatenmark

Zubereitung:

Das Fleisch abspülen und in etwa 2 cm große Würfel schneiden. Butter, Margarine oder das Öl in einem Topf erhitzen und das Fleisch zufügen. So lange anbraten, bis eine leichte braune Kruste auf dem Topfboden hängt. Mit Mehl bestäuben und verrühren. Mit Fleischbrühe aufgießen, Pfeffer, Salz, Kümmel, Tomatenmark dazugeben und verrühren. Das Ganze 1/2 Stunde kochen lassen.
Inzwischen die Zwiebeln, Karotten, Kartoffeln schälen und waschen. Den Weißkohl und das Suppengrün ebenfalls waschen und abtropfen lassen. Alles in kleine Würfel schneiden (etwa 2 cm) und dem Fleisch hinzufügen. Etwa 40 Minuten kochen lassen, anschließend eventuell noch 10 Minuten garen.

Wie die meisten Eintöpfe schmeckt auch dieses Gericht am nächsten Tag nach nochmaligem Aufkochen besonders gut.

Hühnerbrühe »Frau Rat Schlosser«

Zutaten:

1 küchenfertiges Huhn (ca. 1200 Gramm)
1/4 l Sahne
1 Ei
1 Lauchstengel
2 Karotten
1/2 Sellerieknolle
125 g feine Fadennudeln
50 g Butter oder Margarine
Salz, weißer Pfeffer

Zubereitung:

Das küchenfertige Huhn unter fließendem, kaltem Wasser innen und außen abspülen. Die Keulen lösen und für die Klößchen aufheben. Das Huhn in kochendes Wasser geben. Pfeffer und Salz hinzu geben. Etwa 1 1/2 Stunden kochen. Das Huhn herausnehmen und die Brühe in einen anderen Topf sieben. Lauch, Karotten und Sellerie waschen und in feine Streifen schneiden. In einer Pfanne Butter oder Margarine erhitzen, die Gemüsestreifen leicht dünsten und zusammen mit den Fadennudeln in die Hühnerbrühe geben. Die Brühe mit den Zutaten leicht köcheln lassen. Das rohe Keulenfleisch vom Knochen lösen und durch den Mixer geben. In eine Schüssel geben, Schlagsahne und Ei darunter mischen. Mit wenig Salz und Pfeffer abschmecken. Von diesem Fleischteig mit einem Kaffeelöffel Klößchen abstechen und in die kochende Hühnerbrühe geben. Noch einmal aufkochen lassen.

Hühnerbrühe mit gefüllten Champignons

Zutaten:

1 küchenfertiges Suppenhuhn (ca. 1200 g)
2 l Wasser
1 große Zwiebel
1 Bund Suppengrün
1/2 Sellerieknolle
1 Ei
2 Eßl. Mehl
1/2 Bund Petersilie
1 Eßl. Butter
1/8 l herber Weißwein
8 große frische Champignons
Salz, Pfeffer, Muskatnuß

Zubereitung:

Das küchenfertige Huhn innen und außen abspülen. (Die Innereien außer dem Hals und dem Magen einfrieren und für andere Gerichte aufheben.) Die Hälfte des Bruststückes für die Füllung der Champignons herausschneiden und zurücklegen. Anschließend das Huhn, den Magen, den Hals in kaltem Wasser aufsetzen und zum Kochen bringen. Die geschälte und in feine Scheiben geschnittene Zwiebel ebenfalls dazugeben und die Flüssigkeit etwa 1 Stunde langsam kochen lassen. Nun das Suppengrün gründlich waschen und in 2 cm große Stücke schneiden. Die Brühe nach Geschmack salzen und eine weitere Stunde kochen lassen. Den Fleischschaum zwischendurch abschöpfen. Das Huhn herausnehmen und auf einen Teller legen. Die Brühe durch ein Sieb in einen Topf geben. Die frischen Champignons putzen und gründlich unter fließendem Wasser waschen. Anschließend vorsichtig aushöhlen.
Für die Farce zum Füllen der Champignons das rohe Bruststück des Huhns durch die feine Scheibe des Fleischwolfs drehen. Das Ei, 1 Eßlöffel Butter, etwas Salz, der Wein und das Mehl werden zu einer festen Masse verarbeitet. Diese Masse dann in die Champignonköpfe füllen. Die Brühe noch einmal wallen lassen, Champignons vorsichtig hineingeben und etwa 10 Minuten garziehen lassen. Die gefüllten Champignons in vorgewärmte Suppentassen geben und langsam mit der Brühe auffüllen.

Für 4 Personen brauchen Sie etwa 1 Liter Brühe, den Rest können Sie einfrieren.

»Großmutters« Jägersuppe

Zutaten:

400 - 500 g Mischpilze
1 Zwiebel
1 l Fleischbrühe
1 Eßl. Öl
40 g Mehl
60 g Speckwürfel
1/8 l Sahne
Salz, Pfeffer
1 Bund Petersilie

Zubereitung:

Mischpilze putzen, waschen und in feine Scheiben schneiden. Das Öl mit den Speckwürfelchen leicht erhitzen, darin die Pilze und Zwiebeln (feingeschnitten) andünsten. Mit Mehl bestäuben, mit Fleischbrühe auffüllen und zum Kochen bringen. Salzen und pfeffern. Langsam etwa 15 Minuten durchkochen lassen. Zum Schluß die Sahne einrühren. Erneut zum Kochen bringen. Vor dem Servieren mit gehackter Petersilie bestreuen.

Kalbskopfsuppe

Zutaten:

1/2 Kalbskopf (küchenfertig)
1/2 l Wasser
1/2 l Essig
60 g Räucherspeck
1 mittelgr. Zwiebel
2 l heißes Wasser
Salz, weißer Pfeffer,
Pfefferkörner
4 Wacholderbeeren
1 Bund Suppengrün
1/8 l Madeira
200 g Champignons
40 g Margarine
6 Eßl. Mehl
1 Prise Majoran
1 Prise Estragon
1 großer Fleischbrühwürfel
1 Lorbeerblatt

Zubereitung:

Das Wasser mit dem Essig aufkochen und über den gründlich gewaschenen, rasierten Kalbskopf gießen, abtropfen lassen. Den Speck in kleine Würfel schneiden. Die Zwiebel schälen und fein hacken. Speck und Zwiebel glasig braten und danach den Kalbskopf reinlegen, etwa 5 Minuten unter ständigem Wenden braten. Heißes Wasser darübergießen. Salz, Lorbeerblatt, Wacholderbeeren und Pfefferkörner zugeben. Bei leichter Hitze 2 Stunden sieden lassen.

Suppengrün waschen, kleinschneiden und während der letzten 1/2 Stunde mitkochen. Nach 2 Stunden den Kalbskopf herausnehmen, das Fleisch ablösen und in kleine Würfel schneiden. In eine Schüssel geben, mit Madeira übergießen und zudecken. Die Brühe durch ein Sieb gießen, das Suppengrün durchpassieren. Die Champignons waschen, abtropfen lassen und vierteln. Margarine in einem Topf erhitzen und das Mehl darin goldgelb anschwitzen. Unter ständigem Rühren 1 1/4 Liter Brühe auffüllen, mit Majoran, Estragon und dem Fleischbrühwürfel würzen. 10 Minuten leicht köcheln lassen, die Champignons reingeben und mit Salz und Pfeffer abschmecken. Zum Schluß die Fleischwürfel zugeben.

Kerbelsuppe

Zutaten:

350 g Lauch
350 g Kartoffeln
50 g Margarine
1 l Fleischbrühe
2 Bund Kerbel
1/8 l Sahne
Salz, weißer Pfeffer

Zubereitung:

Die Kartoffeln schälen, Lauch putzen und beides gründlich waschen. Abtropfen lassen und in kleine Würfel schneiden. Die Margarine in einem Topf erhitzen, Kartoffeln und Lauch hineingeben und kurz anbraten. Mit der Fleischbrühe auffüllen und etwa 35 bis 40 Minuten zugedeckt kochen lassen. Das ganze danach durch ein Sieb passieren oder mit einem Mixer pürieren und wieder in den Topf geben.
2 Bund Kerbel waschen, fein hacken und ebenfalls in die Suppe geben. Mit Salz und Pfeffer abschmecken. Zum Schluß die Sahne in die Suppe rühren (nicht weiterkochen).

»Frankfurter« Linsensupp

Zutaten:

300 g Linsen
200 g Speckschwarte
3 mittelgr. Zwiebeln
1 Bund Suppengrün
1/2 l Wasser
1/2 l Fleischbrühe
Salz, Pfeffer nach Geschmack
3 Eßl. Essig
1 Eßl. Zucker
100 g fetter geräucherter Speck

Zubereitung:

Die Linsen am Vorabend in einem Topf mit Wasser einweichen. 2 Zwiebeln schälen und vierteln. Das Suppengrün waschen und grob schneiden. Diese Zutaten mit der Speckschwarte und Fleischbrühe zu den Linsen im Einweichwasser geben und 45 Minuten bei schwacher Hitze kochen lassen. Danach die Speckschwarte herausnehmen. Die Suppe mit den Gewürzen abschmecken und noch einmal aufkochen. Warm stellen.
1 Zwiebel schälen und klein würfeln. Den geräucherten und in kleine Stückchen geschnittenen Speck zugeben und knusprig braun braten. Die Suppe in eine vorgewärmte Terrine füllen und den Speck mit Zwiebeln darüber geben.

Rhabarberkaltschale

Zutaten:

500 g Rhabarber
1 l Wasser

Zubereitung:

Den Rhabarber schälen, waschen und in einem Sieb abtropfen lassen. Die Rhabarberstangen in etwa 1 cm große

200 g Zucker
1 Stange Zimt
3 Eßl. Speisestärke
Saft einer halben Zitrone

Stücke schneiden. In Wasser zusammen mit dem Zucker und der Zimtstange etwa 30 Minuten kochen. Danach die Zimtstange herausnehmen. Die Speisestärke mit kaltem Wasser anrühren und unter ständigem Rühren unter den Rhabarber geben. Noch einmal kurz aufkochen lassen. Mit Zitronensaft abschmecken und in eine Schüssel geben. Den Rhabarber in einem Wasserbad abkühlen lassen. Ab und zu umrühren, damit sich keine Haut bildet. Falls die Kaltschale zu dick geworden ist, kann sie mit Weißwein verdünnt werden.

Selleriecremesuppe mit gerösteten Weißbrotwürfelchen

Zutaten:

250 g Sellerie
30 g Butter oder Margarine
1/8 l Sahne
1 l Fleischbrühe
1 mittelgr. Zwiebel
1 Eigelb
Salz, Muskatnuß
2 Weißbrotscheiben

Zubereitung:

Die Sellerieknolle unter fließendem Wasser waschen, schälen und in kleine Würfel schneiden. Die Zwiebel schälen und sehr fein hacken. Die Fleischbrühe aufkochen, die Selleriewürfel und Zwiebeln darin gar kochen. Anschließend das Ganze durch ein Sieb geben. Die Brühe in einem Gefäß auffangen. Sellerie und Zwiebeln in einem Mixer pürieren. Mit der Selleriebrühe aufgießen. Anschließend mit einem Schneebesen gründlich verrühren. Etwa 5 Minuten langsam köcheln lassen. Das Eigelb mit der Sahne verquirlen und unter die Suppe geben. Mit Salz und Muskatnuß abschmecken. Butter oder Margarine in der Pfanne erhitzen. Die Weißbrotscheiben in kleine Würfelchen schneiden. In die Pfanne geben und leicht rösten. Die Suppe in vorgewärmte Suppentassen geben, mit Weißbrotwürfelchen garnieren.

Fischerweib Fischer

Fisch

Die Fische, das sind Übergänge,
schon nicht mehr lyrische Gesänge –
will man den Leib nicht sehr belasten,
so ißt man Fisch und nennt es: fasten.

Fisch

Kräuter-Aal

Zutaten:

1000 g Aal
frische Salbeiblätter
100 g Butter
Salz

Zubereitung:

Den Aal mit Salz abreiben und anschließend ausnehmen. Waschen und mit einem Haushaltstuch trocknen. Innen leicht salzen. Den Aal mit frischen Salbeiblättern umwickeln und mit Zwirn befestigen. Kopf und Schwanz zusammenbinden. Fett in einer Pfanne erhitzen und den Aal darin auf beiden Seiten anbraten. Bei leichter Hitze in etwa 30 Minuten gar braten. Zwischendurch für 5 Minuten den Pfannendeckel aufmachen und den Zwirn abmachen. Den Aal auf einer vorgewärmten Platte anrichten. Mit Tomaten garnieren.

Beilage: Salzkartoffeln

Getränk: Voller, runder Ruländer vom Kaiserstuhl

Fischauflauf

Zutaten:

800 g Kabeljaufilet
800 g Kartoffeln
175 g gekochter Schinken
Saft einer Zitrone
1 l Wasser
30 g Butter oder Margarine
1 mittelgr. Zwiebel
1/4 l saure Sahne
Salz, Pfeffer
1 Bund Petersilie
Dill

Zubereitung:

Die Kartoffeln waschen, in kaltem Wasser aufsetzen und garen. Anschließend kalt abschrecken, pellen und abkühlen lassen.
Den Fisch unter fließendem kaltem Wasser abspülen auf einen Teller legen und mit Zitronensaft beträufeln. Etwa 1 1/4 Liter Wasser zum Kochen bringen, Salz und Pfeffer hineingeben und den Fisch auf kleiner Hitze angaren lassen. Ihn anschließend aus dem Wasser nehmen und abkühlen lassen.
Die Kartoffeln in dünne Scheiben, den Fisch in kleine Stückchen (2 cm) schneiden. Den Schinken würfeln (1 cm). Eine Auflaufform gleichmäßig ausfetten und zunächst mit einer Schicht Kartoffeln auslegen, dann leicht würzen. Darauf eine Schicht Schinken verteilen. Auf den Schinken die Fischstückchen legen. Die fein gehackte Zwiebel daraufgeben. Anschließend wieder Kartoffeln mit Gewürzen, Schinken und Fisch. Der Auflauf sollte mit einer Kartoffelschicht abschließen. Über das Ganze die Sahne gießen und

gleichmäßig Butterflocken darübergeben. Im vorgeheizten Backofen bei 220 Grad etwa 25 Minuten backen.

Beilage: Salatteller

Getränk: Trockener Riesling von Mosel, Saar, Ruwer

Forelle mit Mandeln

Zutaten:

4 frische oder tiefgefrorene Forellen
75 g Butter
100 g blättrige Mandeln
2 Zitronen
Saft einer Zitrone
1 Glas herber Weißwein
2 Teel. Mehl
1 Bund Petersilie

Zubereitung:

Wenn frische Forellen verwendet werden, zunächst ausnehmen und unter fließendem Wasser abspülen. (Tiefgekühlte Forellen unaufgetaut in die Pfanne geben.) Sie innen und außen mit Zitronensaft beträufeln und leicht salzen. Den Zitronensaft einige Minuten einziehen lassen. Die Forellen mit Mehl bestäuben. Die Butter in einer Pfanne erhitzen und die Forellen zunächst von allen Seiten leicht anbraten. Danach noch einmal von allen Seiten kräftiger nachbraten. Die Forellen aus der Pfanne nehmen und auf einer vorgewärmten Platte anrichten und warm stellen. Den Bratenfond mit herbem Weißwein aufgießen und wenn nötig binden. In einer Pfanne Butter erhitzen, darin die Mandeln leicht anrösten und über die Forellen geben. Zum Schluß die Soße über die Mandel-Forellen gießen. Mit Petersilie und Zitronenvierteln garnieren.

Getränk: Halbtrockener Traminer oder Sylvaner aus dem Rheingau

Hecht mit Schinkensoße

Zutaten:

1000–1200 g Hecht
150 g gekochter Schinken
4 gewässerte Sardellen
1 mittelgr. Zwiebel
2 Lorbeerblätter

Zubereitung:

Den Hecht ausnehmen und schuppen. Innen und außen unter fließendem Wasser gründlich abspülen. Anschließend salzen. Zwiebeln schälen und in Scheiben schneiden. Einen Topf mit Wasser aufsetzen, die Zwiebelscheiben, Lorbeerblätter und Salz hineingeben und zum Kochen bringen. Den

1 kleine Zwiebel
50 g Butter
2–3 Eßl. Mehl
Saft einer halben Zitrone
1/2 Bund Petersilie
1/2 l Fischsud
weißer Pfeffer, Salz
1/8 l Sahne

Hecht langsam in das Wasser legen. Etwa 10 Minuten weiterkochen lassen, dann etwa 10 Minuten ziehen lassen. Inzwischen den Schinken, die Sardellen, die Zwiebel und die Petersilie fein hacken. Den Hecht aus dem Wasser (Fischsud) nehmen, die Haut und die Gräten entfernen. Den Fischsud durch ein Sieb geben. In einem Topf die Butter erhitzen, Mehl dazugeben, diese Mehlschwitze goldgelb werden lassen und mit Fischsud auffüllen. Schinken, Sardellen, Zwiebel und Petersilie in die Soße geben. Gut verrühren und mit Zitronensaft, Salz und Pfeffer abschmecken. Den Hecht in diese Soße legen und noch einmal aufkochen lassen. Zum Schluß die Sahne leicht unterziehen.

Bitte beim Schuppen des Hechts beachten: Tragen Sie einen Handschuh oder wickeln Sie sich ein altes Küchentuch um die Hand. Hechtschuppen sind giftig.

Getränk: Rheinhessischer junger Riesling

»Frankfurter« gefüllter Hecht

Zutaten:

1 großer Hecht (etwa 2000 g)
1 Eßl. Kräuteressig
1 altes Brötchen
1/8 l Milch
100 g durchwachsener Speck
3 kleine Zwiebeln
200 g Champignons
2 Eigelb
1 Bund Petersilie
5 Stengel Dill oder 1 Teel. getr. Dillspitzen
weißer Pfeffer, Salz
1 Suppengrün
50 g Butter
Fleischbrühe
Weißwein
1 Lorbeerblatt
1 Nelke
5 Pfefferkörner

Zubereitung:

Den Hecht ausnehmen und schuppen. Unter kaltem Wasser abspülen. Mit Haushaltspapier trockentupfen und mit Essig beträufeln. Für die Füllung das Brötchen 10 Minuten in Milch einweichen. Speck in 1/2 cm dicke Würfel schneiden und in einer Pfanne auslassen. 2 geschälte, fein gewürfelte Zwiebeln darin goldbraun braten. Abgetropfte Champignons zugeben und etwa 3 Minuten mitbraten. In einer Schüssel mit dem ausgedrückten, zerzupften Brötchen und Eigelb mischen. Petersilie und frischen Dill hacken. Das Ganze mit Pfeffer und Salz würzen und den Hecht mit dieser Farce füllen. Mit Zahnstochern zustecken. Außen salzen. Den Fisch zusammenbiegen und den Schwanz zwischen den Zähnen des Kopfes mit Zahnstochern befestigen.
In einer Kasserolle Butter zergehen lassen, den Fisch hineinlegen. Mit Fleischbrühe und Weißwein (im Verhältnis 1 : 2) bedecken. Suppengrün (Karotten-, Lauch-, Selleriestückchen) und eine fein gehackte Zwiebel, Lorbeerblatt,

Nelke und Pfefferkörner hinzugeben. Darin wird der Hecht bei kleiner Flamme gar gedämpft.
Den Hecht auf einer vorgewärmten Platte servieren.

Getränk: Pfälzer Riesling oder Kerner

»Hessischer« Speckhecht

Zutaten:

1 großer Hecht (etwa 2000 g)
125 g Speck (durchwachsen)
1/2 l saurer Rahm
1 Eßl. Kräuteressig
Saft einer halben Zitrone
Salz
50 g Butter

Zubereitung:

Den Hecht ausnehmen und schuppen. Unter kaltem Wasser abspülen. Mit Haushaltspapier trockentupfen und mit Essig beträufeln. Man schneidet dann auf beiden Seiten etwa 3 Finger breit vom Kopf an und 5 bis 6 Finger breit vom Schwanz herauf einen flachen Einschnitt durch die Haut von der Öffnung des Bauches an bis oben auf das Rückgrat. Schneiden die gesamte Haut mit flach gehaltenem Messer stufenweise zwischen beiden Einschnitten behutsam ab. Dann wird der Hecht gespickt: Speckstreifen mit der Spicknadel schräg nach oben zum Rückgrat hin in das Rückenfleisch schieben. Den Fisch zusammenbiegen und den Schwanz am Unterkiefer befestigen. Butter in der Bratpfanne erhitzen und den Hecht, unter öfterem Begießen mit dem erhitzten Fett, darin ziehen lassen. Etwa 1/4 Stunde vor dem Anrichten gießt man den sauren Rahm darüber und läßt ihn darin weiterbraten. Mit Zitronensaft und eventuell Salz würzen.
Auf einer vorgewärmten Platte servieren.

Beilagen: Salzkartoffeln und grünen Salat in Marinade aus gesüßter Schlagsahne, Zitronensaft, Salz und Pfeffer

Getränk: Halbtrockener Wein, gut gekühlt aus den Würztrauben Traminer oder Muscat (Rheingau oder Pfalz)

Karpfen in Bier

Zutaten:

1 Karpfen 1000-1500 g (küchenfertig)
2 Karotten
4 Zwiebeln
1 Lorbeerblatt
3 Scheiben Sellerieknolle
3 Scheiben Zitrone
1/2 Teel. Pfefferkörner
125 g Butter
1 l Wasser
1 l Bier
Salz, weißer Pfeffer
Essig
1 Eßl. Mehl
2 Sardellen
1 Eßl. Kapern
1/8 l Rotwein
1/2 l Fleischbrühe
50 g Schweineschmalz

Zubereitung:

Den Karpfen unter fließendem Wasser abspülen und in Portionsstücke schneiden. Mit Haushaltspapier trockentupfen. Die Butter wird in einem Topf erhitzt, die Gewürze, Lorbeerblatt, Sellerie, Zitrone, 3 feingehackte Zwiebeln, Pfefferkörner dazugeben, mit Bier und Wasser aufgießen und nach Geschmack nochmals nachsalzen. Die Flüssigkeit muß wie eine gut gesalzene Suppe schmecken. Etwa 10 Minuten aufkochen lassen. Der portionierte Karpfen wird zusammen mit dem Essig hineingegeben. Bei zugedecktem Topf etwa 15 Minuten lang köcheln lassen. Sobald sich eine Flosse des Karpfens leicht herausziehen läßt, hebt man den Fisch mit einem Schaumlöffel auf eine vorgewärmte Platte und stellt ihn warm.
Zwischenzeitlich bereitet man die Soße vor. Das Schweineschmalz wird in einem Töpfchen erhitzt. Eine feingehackte Zwiebel wird darin bräunlich geröstet und mit dem Mehl bestäubt oder mit Pfefferkuchen gebunden. Die Sardellen ebenfalls feinhacken und mit den Kapern dazugeben. Mit dem Bier und der Fleischbrühe wird aufgefüllt und unter ständigem Rühren etwa noch 5 Minuten aufgekocht. Den Karpfen mit dieser Soße übergießen und sofort servieren.

Getränk: Bier

Falscher Kaviar

Zutaten:

Hering
Eier
durchwachsener Speck
Salz, Pfeffer
Petersilie

Zubereitung:

Erstens heißt's ein Ei abkochen,
dessen Schale aufzupochen
ist der guten Köchin Pflicht.
Daraufhin versäum' sie nicht,
so viel Räucherspeck zu kriegen
wie das Hühnerei tut wiegen.
Und nun kommt vor Angst beklommen
noch ein Hering angeschwommen.

Ihm die Gräten abzunehmen
muß man sich nun schon bequemen.
Jetzt die Fleischmaschine runter
und durch diese froh und munter
dreht man Hering, Speck und Ei
in ein Schüsselchen zu Brei.

Getränk: Bier

Mainschiffer-Gericht

Zutaten:

1 Schwanzstück vom Salm (500 g)
1 Schwanzstück vom Heilbutt (500 g)
80 g frische Garnelen
80 g Muschelfleisch (nicht gewürzt)
120 g frische Champignons
40 g geriebener Emmentaler
80 g geschlagene Sahne (1/2 Becher)
20 g Krebsbutter
70 g Butter oder Margarine
4 Schalotten
0,2 l herber Weißwein
1/4 l Wasser
2 Eßl. Mehl
8 weiße Pfefferkörner (gestoßen)
1 Lorbeerblatt
Saft einer halben Zitrone
1 Prise Salz
2 Spritzer Worcestersauce

Zubereitung:

Den Fisch waschen, entgräten und enthäuten. In 1 cm große Stücke schneiden und in eine Schüssel geben. (Die Gräten, die Haut und die Flossen nicht wegwerfen, da sie für die Soße verwendet werden.)
10 g Butter in einem Topf erhitzen und darin die Gräten, die Fischhaut, die Flossen, das Lorbeerblatt und die gestoßenen Pfefferkörnern anschwitzen. Mit der Hälfte des Weißweins und dem Wasser auffüllen und verrühren.
Die Brühe etwa 20 Minuten ziehen lassen, danach durch ein feines Sieb geben und in einem Gefäß auffangen. In einem zweiten Topf 40 g Fett zerlassen, das Mehl hineingeben und bei schwacher Hitze leicht anschwitzen. Mit der Fischbrühe aufgießen und etwa 15 bis 20 Minuten köcheln lassen. Die Soße darf ruhig etwas dicklich sein.
Die Schalotten schälen, fein hacken und mit 20 g Fett leicht dünsten. Die Champignons waschen, in feine Scheibchen schneiden und auf die Schalotten geben und weiter dünsten. Anschließend darauf die vorbereiteten Fischstücke geben. Mit dem restlichen Weißwein auffüllen, mit Salz würzen und zugedeckt etwa 4 bis 5 Minuten ziehen lassen. Wichtig: Der Fisch darf nicht kochen, da er sonst trocken und hart wird.
Nach der Garzeit die Muscheln und die Garnelen dazugeben und erwärmen lassen. Das fertige Fischragout mit einem Schaumlöffel aus der Brühe in eine vorgewärmte Terrine geben. Von der zurückgebliebenen Fischbrühe wird jetzt so viel unter die schon vorbereitete Samtsoße gerührt, bis sie die gewünschte Dicke bekommen hat.

Den Käse reiben und ebenfalls unter die Soße rühren. Mit Salz, Zitronensaft und Worcestersauce abschmecken. Zum Schluß die steif geschlagene Sahne unter die Soße heben. Die Soße dann über den Fisch geben.

Beilagen: Reis und Kopf- oder Feldsalat

Getränk: Junger und spritziger Riesling aus Rheinhessen

Schmandhering

Zutaten:

4 Salzheringe
1/4 l saurer Rahm
1/2 Becher Joghurt
2 Lorbeerblätter
Wacholderbeeren
2 mittlere Zwiebeln
1/2 Bund Dill
1 großer saurer Apfel (Granny Smith)
1 Salzgurke
1 Prise Zucker
Saft einer halben Zitrone
1/2 Flasche Mineralwasser

Zubereitung:

Salzheringe über Nacht in eine Schüssel mit kaltem Wasser legen. Am nächsten Tag herausnehmen und mit Haushaltspapier trockentupfen. Ausnehmen (dabei Köpfe, Schwänze und Rückenflossen abschneiden). Häuten und vom Rücken aus Filets ablösen. In eine Schüssel legen und mit Mineralwasser begießen und etwa 4 Stunden ziehen lassen.
Für die Soße sauren Rahm mit Joghurt, Zitronensaft und Zucker in einer Schüssel verrühren. Zwiebeln und Äpfel schälen, Kerngehäuse der Äpfel entfernen. Die Zwiebeln in Ringe schneiden. Die Äpfel vierteln, in Schnitzel schneiden und in die Soße geben.
Heringe aus dem Wasser nehmen. Auf einem Sieb gut abtropfen lassen und mit Haushaltspapier trockentupfen. Heringe und Soße lagenweise in eine Keramikschüssel schichten. Das Ganze gut verschließen und mindestens 5 Stunden marinieren. Den Dill fein hacken. Vor dem Servieren darüberstreuen.

Beilage: Heiße Pellkartoffeln

Getränke: Bier und Klarer

Bauersleute

Fleisch

Schweinebraten kann ein jeder machen,
drum folgen hier die besseren Sachen.
Dazu bedarfs mehr Kunst und Müh –
vor allem: Achtung auf die Brüh!

Fleisch

Dominikanerschnitten

Zutaten:

4 Scheiben (etwa 200 g) kalter Rinderbraten (die Scheiben etwa 1/2 cm dick)
4 Scheiben (etwa 200 g) kalter Schweine- oder Kalbsbraten
1 Bund Petersilie
100 g Weißbrot
50 g Parmesankäse
3 Eier
Abgeriebene Schale einer halben ungespritzten Zitrone
2 Eßl. Sardellenbutter
Salz, Pfeffer, Paprika, Madeira
40 g Butter oder Margarine
1 mittelgr. Zwiebel
1/4 l Fleischbrühe

Zubereitung:

Das Weißbrot in Wasser einweichen. Petersilie waschen und fein hacken. Die Zwiebel schälen und ebenfalls fein hacken. Das Weißbrot fest ausdrücken. Aus dem Weißbrot, den Zwiebeln, der Petersilie, der geriebenen Schale einer halben ungespritzten Zitrone, dem geriebenen Parmesan, den Eiern und der Sardellenbutter eine Masse herstellen. Mit Salz, Pfeffer und Paprika kräftig würzen. Diese Farce mäßig dick auf die Rindfleischscheiben streichen und mit der Kalb- oder Schweinefleischscheibe bedecken.
Die Butter oder Margarine in einem Topf erhitzen und das Fleisch reingeben. Butterflöckchen darauf legen und mit Madeira überträufeln. Die Fleischschnitten fest zugedeckt durch und durch erhitzen. Die Fleischschnitten auf eine vorgewärmte Platte legen. Anschließend den Bratenfond mit der Fleischbrühe aufgießen und noch einmal aufkochen.

Getränk: Halbtrockener Weißherbst aus Pfalz oder Baden

»Fechenheimer« überbackener Fleischkuchen

Zutaten:

300 g Rinderfilet
250 g Nieren
250 g Champignons
2 Zwiebeln
1/2 Bund Petersilie
30 g Butter oder Margarine
25 g Stärkemehl
1/4 l Fleischbrühe
1 Eigelb
Salz, Pfeffer
1 Eßl. Mehl
1/2 Paket tiefgefrorener Blätterteig

Zubereitung:

Den Blätterteig auftauen lassen. Die Nieren waschen und etwa 1 Stunde mit kaltem Wasser wässern. In der Zwischenzeit das Rindfleisch waschen, trockentupfen und in feine Streifen schneiden.
Die Champignons in einem Sieb abtropfen lassen und blättrig schneiden. Die Zwiebeln schälen, Petersilie waschen und beides fein hacken.
Das Fett in einer Pfanne erhitzen, die Zwiebeln leicht glasig braten und die Petersilie dann hinzufügen. Die Pfanne vom Ofen nehmen. Die Nieren auf einem Sieb abtropfen lassen, der Länge nach aufschneiden. Das Fett und die Röhren entfernen. Noch einmal unter kaltem Wasser abspülen, abtropfen lassen und in Scheibchen schneiden.

Das Stärkemehl mit Salz und Pfeffer vermischen und die Nierenscheiben und Rindfleischscheiben damit bestäuben. Das Fleisch, die Champignons und die Zwiebeln und Petersilie schichtweise in eine feuerfeste Form geben. Die Fleischbrühe darüber geben. Jetzt den Blätterteig in Größe der feuerfesten Form ausrollen und die Zutaten damit abdekken. Den Rand fest andrücken. In der Mitte ein 2 cm großes Loch schneiden. Den Blätterteig mit dem verquirlten Eigelb bestreichen. Den Fleischkuchen in einem vorgeheizten Backofen bei 200 Grad 1 Stunde backen.

Beilage: Salat

Getränk: Süffiger Spätburgunder von Ahr, Rheingau, Baden

»Preungesheimer« Hackbraten

Zutaten:

500 g Hackfleisch vom Rind
1/4 l Milch
1/4 l Wasser
2 mittelgr. Zwiebeln
3 Eier
1/2 Bund Petersilie
Pfeffer, Salz, Paprika
2 alte Brötchen
1 Teel. Majoran
4 Frankfurter Würstchen

Zubereitung:

Die Brötchen in Milch und Wasser einweichen. Die Zwiebeln schälen und fein hacken. Petersilie waschen und ebenfalls fein hacken. Das Fleisch mit den gehackten Zwiebeln und Petersilie in eine Schüssel geben. Die Eier, Gewürze und die ausgedrückten Brötchen dazugeben. Alles zusammen gut verkneten. Noch einmal abschmecken. Eine feuerfeste Form einfetten und die Hälfte des Gehackten reingeben. Mit einem Löffel festdrücken. Die kalten Frankfurter Würstchen auf den Fleischteig legen und darüber das restliche Gehackte geben. Wieder gut festdrücken. In einen Bräter etwa 5 cm hoch Wasser geben, die feuerfeste Form reinstellen und in den vorgeheizten Ofen geben. Bei 200 bis 250 Grad etwa 1 Stunde backen lassen. Mit einem Holzstäbchen oder Zahnstocher feststellen, ob der Braten gar ist. Danach herausnehmen, in Scheiben schneiden, mit Petersilie und Tomaten garnieren und auf einer vorgewärmten Platte servieren.

Getränk: Trockener Silvaner aus der Würzburger Gegend

»Sachsenhäuser« Hammeleintopf mit weißen Bohnen

Zutaten:

300 g Hammel- und Schweinefleisch
500 g weiße Bohnen (aus der Dose)
250 g Kartoffeln
125 g geräucherter Speck
150 g Knoblauchwurst
1 Knoblauchzehe
50 g Tomatenmark
50 g Schweineschmalz
3 mittelgr. Zwiebeln
1 Bund Suppengrün
1 Lorbeerblatt
3 Nelken
Salz, Knoblauchsalz, Pfeffer, Thymian
20 g Butter
20 g Paniermehl
1/8 l Sahne

Zubereitung:

Die Bohnen auf einem Sieb abtropfen lassen. Kartoffeln schälen, waschen, in grobe Würfel schneiden und zusammen mit den Bohnen, dem geräucherten Speck, der Knoblauchwurst und einer zerdrückten Knoblauchzehe in 1 1/2 Liter kaltem Wasser zum Kochen bringen. Das Hammel- und Schweinefleisch in 2 cm große Würfel schneiden, Zwiebeln fein hacken, Suppengrün waschen und grob schneiden. Das Fett in einer Pfanne erhitzen. Das Fleisch zusammen mit den Zwiebeln, dem Suppengrün und dem Lorbeerblatt kräftig anbraten. Danach zu den Bohnen geben. Das Tomatenmark unterrühren und Gewürze (Thymian, Nelken) dazugeben. Den Hammel-Bohneneintopf bei schwacher Hitze etwa 60 Minuten garen. Die Knoblauchwurst und den geräucherten Speck herausnehmen, in Würfel schneiden und wieder zu den Bohnen geben. Gut durchrühren und die Sahne unterziehen. Anschließend den Eintopf in eine feuerfeste Form füllen und gleichmäßig mit Paniermehl bestreuen. Abschließend kleine Butterflöckchen auflegen. Den Eintopf im vorgewärmten Ofen etwa 10 bis 15 Minuten überbacken. Die Oberfläche des Eintopfs (Paniermehl, Butter und Bohnen) leicht unterrühren, erneut mit Paniermehl bestreuen. Butterflöckchen auflegen und noch einmal 10 bis 15 Minuten überbacken.

Getränk: Bier

Hammeleintopf mit grünen Bohnen

Zutaten:

750 g Hammelfleisch
500 g grüne Bohnen
500 g Kartoffeln
Bohnenkraut
3 Zwiebeln
75 g durchwachsener Speck
1 Bund Petersilie

Zubereitung:

Den Speck in kleine Würfel schneiden und in einem Topf auslassen. Die Zwiebeln schälen, würfeln und im Fett dünsten. Das Hammelfleisch waschen, abtropfen lassen und in grobe Würfel schneiden. Ebenfalls in den Topf geben und gleichmäßig anbraten. Anschließend mit Fleischbrühe aufgießen und etwa 1 Stunde kochen lassen.

Salz, Pfeffer, Würzsoßen
Fleischbrühe

Währenddessen die Bohnen entfädeln, waschen, abtropfen lassen und halbieren (brechen). Die Kartoffeln schälen und ebenfalls in grobe Würfel schneiden. Das Bohnenkraut waschen und alles zusammen zum Fleisch geben. Den Eintopf noch einmal etwa 30 Minuten kochen und mit Salz, Pfeffer und Würzsoßen abschmecken.

Getränk: Bier

»Bockenheimer« Hammelragout

Zutaten:

750 g Hammelschulter
2 große Zwiebeln
125 g Tomaten
30 g Tomatenmark
2 Lorbeerblätter
5 Pfefferkörner
2 Nelken
2 Dillstengel
1/8 l Rotwein
5 Eßl. Olivenöl
1/4 l heiße Fleischbrühe
20 g Mehl
1/8 l Sahne
Pfeffer, Salz

Zubereitung:

Das Fleisch von überflüssigem Fett befreien, unter kaltem Wasser abspülen und in etwa 3 cm große Stücke schneiden. Das Olivenöl in einem Bräter erhitzen, die Fleischstücke etwa 10 Minuten rundherum anbraten. Zwiebeln schälen, fein hacken und zum Fleisch geben. Weitere 5 Minuten braten. Das Fleisch mit Mehl bestäuben. Die Tomaten mit heißem Wasser übergießen, die Haut abziehen, vierteln und mit Tomatenmark, den Lorbeerblättern, Nelken, Pfefferkörnern zu dem Fleisch geben. Mit Brühe aufgießen. Bei geschlossenem Topf etwa 45 Minuten kochen. Mit Salz und Pfeffer abschmecken. Dill fein hacken und zum Fleisch geben. Zum Schluß die Sahne unterziehen.

Beilagen: Reisrand und Salat

Getränk: Kräftiger Assmannshäuser Spätburgunder

»Hessischer« Jägerbraten

Zutaten:

1000 g Rinderkeule zum Schmoren
1 Kalbsfuß
1/8 l Rotwein
3/4 l Fleischbrühe

Zubereitung:

Das Fleisch unter fließendem, kaltem Wasser abspülen und trockentupfen. Mit Salz und Pfeffer einreiben. Die Butter oder Margarine in einem Topf erhitzen. Die Speckschwarte in kleine Würfelchen schneiden und dazugeben. Das Rindfleisch darin kräftig von allen Seiten anbraten.

3 mittelgr. Zwiebeln
1/2 mittelgr. Sellerieknolle
30 g Tomatenmark
1 Karotte
1 Messerspitze Thymian
5 gemahlene Pfefferkörner
75 g Speckschwarte
50 g Butter oder Margarine
500 g Mischpilze
1/4 l saure Sahne
60 g Mehl
weißer Pfeffer, Salz

In der Zwischenzeit die Zwiebeln schälen und grob hacken. Die Karotte und die halbe Sellerieknolle schälen, waschen und in kleine Scheiben schneiden. Alles zusammen zum Braten geben. Das Tomatenmark hinzufügen. Den Braten mehrmals mit dem Bratensaft übergießen. Das Fleisch herausnehmen und auf einen vorgewärmten Teller im Backofen warmstellen. (Die Bratzeit beträgt zwischen 80 und 90 Minuten bei zunächst 200 Grad zum Anbraten und anschließend bei reduzierter Hitze von 90 Grad).
Den Bratensaft mit Mehl bestäuben, leicht anschwitzen lassen und unter ständigem Rühren mit Rotwein und Fleischbrühe aufgießen. Den Kalbsfuß dazugeben und weichkochen lassen. Nach 90 Minuten den Kalbsfuß herausnehmen. Die Soße durch ein Sieb in einen Topf passieren und noch einmal aufkochen lassen. Mit saurer Sahne verfeinern. Anschließend die Mischpilze reingeben und erhitzen. (Frische Pilze werden vorher gesäubert und in Butter oder Margarine angedünstet). Die Soße in eine Sauciere füllen und getrennt zum Braten servieren.

Getränk: Spätburgunder bis Qualitätsstufe Kabinett (Ahr, Baden, Rheingau)

Saurer Kalbsbraten

Zutaten:

1000 g Kalbsbraten
2 Kalbsfüße
2 mittelgr. Zwiebeln
1/4 l Essig
1/4 l Wasser
125 g Speck, in Scheiben geschnitten
1/8 l Rotwein
1 Lorbeerblatt
4 Pfefferkörner
1/8 l Sahne
Fleischbrühe

Zubereitung:

Für die Beize das Wasser und den Essig in einen Steinguttopf gießen. Die in grobe Scheiben geschnittenen Zwiebeln zusammen mit dem Lorbeerblatt und den Pfefferkörnern dazugeben. Das Fleisch unter fließendem Wasser abspülen, trockentupfen und in die Beize legen und drei Tage darin ziehen lassen (einige Male darin wenden).
Danach das Fleisch herausnehmen und auf einem Haushaltstuch abtropfen lassen. Die Beize durch ein Sieb geben und für die Soße aufheben.
Den Boden eines Bräters mit Speck auslegen. Die Kalbsfüße und den Kalbsbraten darauf legen. Das Ganze zugedeckt 1 1/4 Stunde leicht braten lassen. Diesen Braten erst wenden, wenn er schon fast gar ist. Danach mit dem Wein und etwas Beize auffüllen. Falls die Flüssigkeit nicht aus-

reicht, kann man noch einige Eßlöffel Fleischbrühe zugeben. Das Ganze noch einmal aufkochen lassen. Zum Schluß die Sahne unterziehen. Die Soße kann sowohl kalt als auch aufgewärmt gegessen werden.

Getränk: Junger säurehaltiger Saar-Riesling

Gekochter Kalbskopf mit Soße

Zutaten:

1 küchenfertiger Kalbskopf (etwa 3000 g)
3 1/2 l Salzwasser
2 Lorbeerblätter
4 Wacholderbeeren
4 Nelken
4 Pfefferkörner
Saft einer halben Zitrone
1 Bund Suppengrün
1 mittelgr. Zwiebel
5 Eßl. Weinessig

Zubereitung:

Den vom Metzger schon halbierten und geputzten Kalbskopf gründlich unter fließendem Wasser waschen und anschließend in kaltem Wasser etwa 60 Minuten wässern. Anschließend auf ein Salatsieb legen und abtropfen lassen.
Das Salzwasser in einem Topf zum Kochen bringen und den Kalbskopf etwa 2 Stunden gar kochen.
Das Suppengrün putzen, abspülen und in grobe Stücke schneiden. Zwiebeln schälen, in Scheiben schneiden und nach 60 Minuten mit den Gewürzen und dem Essig zum Kalbskopf geben. Zwischendurch abschäumen.
Nach etwa 2 Stunden den Kalbskopf aus der Brühe nehmen und abtropfen lassen. Das Fleisch von den Knochen lösen und in Portionsstücke schneiden. Die Zunge häuten und in Scheiben schneiden. Das Fleisch auf eine vorwärmte Platte legen.

Zutaten Soße:

4 Eßl. Öl
1 Eßl. Senf
5 Eßl. Essig
1 hartgekochtes Ei
1/2 Paket grüne Soße
1 Prise Zucker, Salz, Pfeffer

Zubereitung Soße:

Die Kräuter der Grünen Soße gründlich waschen und besonders fein hacken. In einer Schüssel Senf, Essig und Öl vermischen. Das Ei ebenfalls fein hacken und zusammen mit den Kräutern dazugeben. Mit den Gewürzen abschmecken. Die Soße eventuell mit der Kalbskopfbrühe verdünnen.
Die Soße getrennt vom Fleisch servieren.

Getränk: Trockener, junger Rheinhessischer Riesling

»Bornheimer« Kalbslebergulasch

Zutaten:

500 g Kalbsleber
50 g Butter oder Margarine
1/4 l Fleischbrühe
75 g durchwachsener Speck
1 mittelgroße Zwiebel
1 Eßl. Mehl
1/8 l Weißwein
2 Tomaten
2 Lauchstengel
1/2 Bund Petersilie
1/8 l Sahne
Pfeffer, Salz, Paprika

Zubereitung:

Die Zwiebeln schälen und fein hacken. Die Lauchstengel waschen und grob schneiden. Den Speck in feine Würfelchen schneiden. Anschließend das Fett erhitzen, die Zwiebeln, den Lauch und die Speckwürfelchen darin dünsten. Die Kalbsleber kurz abspülen, trockentupfen, in Würfel schneiden, die Tomaten häuten und würfeln. Beides zusammen ebenfalls in den Topf geben. Mit Mehl bestäuben, leicht anbraten. Mit Weißwein und Fleischbrühe aufgießen. Das Ganze aufkochen lassen und vom Ofen nehmen. Die Sahne unterziehen und die feingehackte Petersilie dazugeben.

Getränk: Süffiger Weißherbst (kommt hauptsächlich aus Baden)

Gespickte Kalbsleber

Zutaten:

4 Scheiben Kalbsleber
70 g Speck
1 Möhre
1 Porree
1/2 Petersilienwurzel
1/2 Sellerieknolle
1 mittelgroße Zwiebel
2 - 3 Lorbeerblätter
4 - 5 Nelken
10 - 15 Pfefferkörner
1/8 l saure Sahne
1 Teel. Mehl
1/8 l herber Weißwein
50 g Butter oder Margarine
1/4 l Fleischbrühe

Zubereitung:

Die Kalbsleber unter fließendem Wasser abspülen und trockentupfen. Den Speck in 2 cm lange Streifen schneiden und die Kalbsleberscheiben damit spicken. Die Möhre, Porree, Petersilienwurzel, Zwiebel waschen und zerkleinern. In einer Kasserolle die Butter oder Margarine erhitzen. Die Leberschnitten reinlegen und leicht anbraten. Anschließend das Gemüse dazugeben, würzen und zugedeckt schmoren lassen. Die Leber auf einen vorgewärmten Fleischteller geben. Die Soße durch ein Sieb passieren. Das Mehl mit einigen Eßlöffeln Wasser anrühren und unter die Soße geben. Mit Weißwein und Fleischbrühe aufgießen und unter ständigem Rühren noch einmal aufkochen lassen. Je nach Geschmack würzen. Die Soße getrennt von der Leber servieren.

Getränk: Rotwein bis Qualitätsstufe Kabinett aus der hellfarbigen Trollinger Traube (Württemberg)

Kalbsnierenbraten »Vom Dornbusch«

Zutaten:

1500 g Kalbsnieren- oder Sattelstück (längs geteilt mit einer Niere ohne Nierenfett und Lendchen)
50 g Pflanzenfett
Salz, schwarzer Pfeffer
1/8 l Weißwein
1 Eßl. Speisestärke
1 Tomate
1 Lorbeerblatt
2 Nelken
1 mittelgroße Zwiebel
1 Möhre

Zubereitung:

Die Niere vom Kalbsnierenstück herausnehmen und das Fleisch vom Knochen ablösen. Die Niere entfetten, waschen, halbieren (Sehnen entfernen) und wässern.
Das Fleisch waschen, abtupfen und mit der Hautseite nach unten legen. Den oberen Teil mit Salz und Pfeffer würzen. Die Kalbsniere aus dem Wasser nehmen, trocknen und der Länge nach auf das Fleisch legen. Von der dicken Seite her wird das Fleisch aufgerollt und mit einem Bindfaden umwickelt (oder mit Fleischklammern gehalten). Die Außenseite mit Salz und Pfeffer würzen. Die Knochen werden klein gehackt (diese Arbeit übernimmt jeder Metzger). Fett in den Bräter geben, dann die Knochen in den Bräter legen. Die Möhren und Zwiebeln schälen, in kleine Stücke schneiden und dazugeben. Petersilie ebenfalls waschen, fein hacken und mit den Nelken, dem Lorbeerblatt und der gewürfelten Tomate zu den Knochen geben. Den Braten daraufsetzen und mit Pflanzenfett bestreichen. Den Topf verschließen, in den vorgeheizten Backofen geben und bei 200 Grad etwa 2 Stunden garen lassen.
Danach den leicht gebräunten Braten herausnehmen, Fäden entfernen und auf der vorgewärmten Platte warmhalten.
Den Weißwein zum Bratensaft geben und einige Minuten durchkochen lassen. Die Soße durch ein Sieb passieren. Speisestärke mit etwas Wasser verrühren und die Soße damit binden. Den Braten wieder in die Soße geben und servieren.

Getränk: Halbtrockener Riesling von der Nahe

»Eckenheimer« Kräuter-Kalbsrolle

Zutaten:

1000 g Kalbsbrust ohne Knochen
30 g Paniermehl
2 Eier

Zubereitung:

Das Fleisch unter fließendem, kaltem Wasser abspülen und mit Haushaltspapier trockentupfen. Von beiden Seiten mit Pfeffer und Salz bestreuen.
Die Kräuter gründlich waschen und auf einem Sieb abtrop-

2 mittelgroße Zwiebeln
2 Eßl. Öl
1/4 l Wasser
1–2 Bund frische Kräuter
2 Pakete grüne Soße
(siehe auch S. 69)
1 Eßl. Speisestärke
50 g Butter oder Margarine
1/4 – 1/2 l Fleischbrühe
1/8 l Sahne
Pfeffer, Salz

fen lassen. Die Zwiebeln schälen, waschen und beides fein hacken. Zusammen mit dem Paniermehl und den Eiern in einer Schüssel zu einer geschmeidigen Masse verrühren. Mit Salz und Pfeffer abschmecken.
Die Kräutermasse auf die Innenseite der Kalbsbrust gleichmäßig verteilen und mit einem Messer glattstreichen. Dabei rundherum einen 2 cm breiten Rand frei lassen, so daß die Füllung beim Braten nicht herausquillt. Das Fleisch von der schmalen Seite her vorsichtig aufrollen. Mit einem Baumwollfaden ringsherum umwickeln.
In einem Bräter das Fett leicht erhitzen, die gefüllte Kalbsrolle reinlegen. Mit Öl bestreichen und im vorgewärmten Backofen bei 225 Grad etwa 1 1/2 Stunden braten. Von Zeit zu Zeit heiße Fleischbrühe aufgießen. Den fertigen Braten auf einer vorgewärmten Platte warm stellen. Den Bratensaft mit Stärkemehl binden (eventuell noch Fleischbrühe aufgießen.) Zum Schluß die Sahne unterziehen und nachwürzen. Den Braten in Scheiben schneiden und mit Soße übergießen.

Getränk: Durchgegorener Pfälzer Riesling

»Oberhessisches« Kasseler überbacken

Zutaten:

750 g rohes Kasseler ohne Knochen
1 rote Paprikaschote
1 grüne Paprikaschote
2 mittelgr. Zwiebeln
1 Stange Lauch
1/4 l herber Weißwein
200 g Champignons
50 g Tomatenmark
3 Eßl. Butter oder Margarine
1 Eßl. Mehl
125 g geriebener Emmentaler Käse
Majoran, Basilikum
Salz, Pfeffer

Zubereitung:

Das Kasseler unter fließendem Wasser abspülen. Die Butter oder Margarine in einem Topf erhitzen und das Kasseler reingeben. Auf beiden Seiten ganz kurz anbraten, mit Weißwein auffüllen und das Fleisch darin 30 bis 40 Minuten dünsten, bis es gar ist. Inzwischen die Paprikaschoten halbieren, entkernen, waschen und in feine Streifen schneiden. Die Lauchstange putzen, waschen und in große Stücke schneiden. Zwiebeln schälen, waschen und in große Stücke schneiden. Champignons auf einem Sieb abtropfen lassen und halbieren.
Butter in einem Topf erhitzen, Paprikastreifen, Lauch- und Zwiebelwürfel und Champignons reingeben und leicht dünsten. Mit Mehl bestäuben und zusammen mit dem Tomatenmark gut unterrühren.
Das Kasseler aus dem Topf nehmen und auf eine vorge-

wärmte Platte legen. Den Wein-Fleischsaft über das Gemüse geben und unter ständigem Rühren 10 Minuten dünsten. Mit den oben angegebenen Gewürzen abschmecken. Das Fleisch in daumendicke Scheiben schneiden, in eine feuerfeste Form legen und das gedünstete Gemüse gleichmäßig darüber verteilen. Mit geriebenem Emmentaler abdecken und im vorgeheizten Backofen bei 250 Grad etwa 15 bis 20 Minuten überbacken, bis der Käse goldbraun geworden ist.

Getränk: Apfelwein

»Frankfurter« Leber

Zutaten:

400 g Kalbs- oder Schweineleber
100 g durchwachsener Speck
1 kleingeschnittene Zwiebel
2 kleingeschnittene Äpfel
1 Prise Majoran
Pfeffer, Salz
1 Eßl. saure Sahne
1 Teel. Mehl
20 g Butter oder Margarine
1 - 2 Glas Apfelwein

Zubereitung:

Die Leber kurz unter fließendem Wasser abspülen und mit Haushaltspapier trockentupfen. Von eventuell vorhandenen Sehnen und Röhren befreien und in 3 cm große Würfel schneiden. Den Speck ebenfalls etwa 1 cm dick würfeln, Zwiebeln schälen und fein hacken. Äpfel schälen, vierteln, entkernen und in kleine Scheibchen schneiden. In einer großen Pfanne die Speckwürfelchen ausbraten, die Zwiebeln und Äpfel in den ausgebratenen Speckwürfeln dünsten, mit Majoran, Pfeffer, Salz würzen. Anschließend die Leberstückchen zugeben und etwa 3 Minuten mitbraten. Das Fleisch und die Zutaten mit Mehl bestäuben und unter Rühren mit Apfelwein aufgießen. Zum Schluß 1 Eßlöffel saure Sahne darunterziehen.

Getränk: Apfelwein

»Frankfurter Motten«

Zutaten:

500 g Schweinefleisch
1000 g Möhren
50 g Schweineschmalz

Zubereitung:

Das Brötchen im Wasser etwa 10 Minuten einweichen. Das Schweinefleisch waschen und abtrocknen. Die Möhren putzen und in längliche Würfel schneiden. Zwiebel schälen und

1 kleine Zwiebel
1/2 l Fleischbrühe
Salz, Pfeffer
für die Klöße:
1 kg gekochte Kartoffeln
2 Eier
1 Brötchen
1/8 l Milch
1 Bund Petersilie
Salz, weißer Pfeffer, Muskat, Paprika

hacken. Das Schweineschmalz in einem Topf erhitzen, die Zwiebeln goldgelb dünsten und die Möhren hinzufügen.
Salz, Pfeffer und Muskat mischen und damit das Fleisch bestreuen. Das gewürzte Fleisch wird auf das Gemüse gelegt und nach und nach die Brühe aufgegossen. Während das Fleisch und Gemüse schmort, werden die Kartoffeln gerieben. Das ausgepreßte Brötchen, die Eier, die Milch, Gewürze und gehackte Petersilie werden hinzugefügt. Den Kartoffelteig gut durchkneten. Aus der Kartoffelmasse mit bemehlten Händen 4 bis 5 cm dicke Klöße formen und auf Gemüse und Fleisch legen. Zugedeckt das ganze etwa 20 Minuten garen lassen. Zwischendurch einen Probekloß herausnehmen und eventuell die Garzeit verlängern. Das fertige Gericht mit Petersilie überstreuen und sofort heiß servieren.

Getränk: Voller, runder Ruhländer (Baden)

»Hausener« Ochsenbrust mit Schnittlauch-Sahne-Soße

Zutaten:

800 g Ochsenbrust
1 Bund Suppengrün
1 Tomate
1 mittelgr. Zwiebel

Zubereitung:

Die Ochsenbrust unter fließendem, kaltem Wasser abspülen. Die Zwiebel schälen und halbieren. Das Suppengrün putzen, waschen und zerkleinern. In einem Topf mit kaltem Wasser die geschälte Zwiebel, das Suppengrün und das Ochsenfleisch aufsetzen und zum Kochen bringen. Zwischendurch abschäumen. Die Tomate dazugeben. Das Fleisch etwa 90 Minuten kochen lassen. Danach das Fleisch herausnehmen und in Scheiben schneiden.

Zutaten Soße:

6 cl trockener Weißwein
1 kleine Zwiebel
2 Päckchen Kresse
1 Bund Schnittlauch
3 Eßl. Wasser
100 g Butter
Saft einer halben Zitrone

Zubereitung Soße:

Die Zwiebel ganz fein hacken. In einem Topf den Weißwein und die Zwiebeln kurz zum Kochen bringen. So lange unbedeckt köcheln lassen, bis die Flüssigkeit verdunstet ist.
In einem anderen Topf die Hühnerbrühe und die Sahne um ein Drittel einkochen lassen. Inzwischen die Kresse und den Schnittlauch waschen und ganz fein hacken. Die Zwie-

2 cl Hühnerbrühe
Salz, weißer Pfeffer

bel-Weißweinmasse zusammen mit kaltem Wasser und der Geflügel-Sahne-Masse mit einem Schneebesen cremig rühren. Zum Schluß mit Zitronensaft, Salz und Pfeffer nach Geschmack würzen.
Die Soße über die Ochsenbrustscheiben geben.

Beilage: Salzkartoffeln

Getränk: Halbtrockener, fruchtiger Ruwer-Riesling

»Rödelheimer« Rinderfilet gefüllt mit Meerrettich

Zutaten:

800 g Rinderfilet
1 Bund Suppengrün
Abgeriebene Schale einer halben ungespritzten Zitrone
2 - 3 Lorbeerblätter
4 - 5 Nelken
10 Körner Pfeffer
125 g durchwachsener Speck in Scheiben
75 g Butter oder Margarine
6 Eßl. frischer, geschälter Meerrettich
1 Weinglas herber Weißwein
1/4 l Fleischbrühe
1 mittelgr. Zwiebel
1 Möhre
Pfeffer, Salz

Zubereitung:

Das Fleisch abspülen und trockentupfen. Die Speckscheiben in einen Bräter geben und bei mittlerer Hitze auslassen, danach herausnehmen. Das Filet mit Salz und Pfeffer einreiben und in den Bräter geben. Rundherum kurz anbraten und zwischendurch mit Bratenfett begießen. Suppengrün waschen und grob schneiden. Die Zwiebel und die Möhre schälen, in Würfel schneiden und zum Fleisch geben. Mit Fleischbrühe und Wein aufgießen. Das Fleisch zwischendurch wenden und mit Bratenfett begießen. Etwa 45 Minuten zugedeckt bei 220 Grad braten.
In der Zwischenzeit den frischen Meerrettich waschen, schälen und raspeln. Etwas Butter in ein Pfännchen geben, leicht erhitzen und den Meerrettich kurz darin schwenken. Das Rinderfilet aus dem Bratensaft nehmen, seitlich aufschneiden, so daß eine Fleischtasche entsteht und den Meerrettich hineingeben. Diese Öffnung mit einem Zahnstocher schließen, den Braten wieder in die Soße geben und noch einmal 15 Minuten in den Backofen geben. Wenn erforderlich, die Soße mit Mehl binden.

Getränk: Trockener Spätburgunder (Rheingau oder Ahr)

Rinderfilet mit Anchovis gespickt

Zutaten:

800 g Rinderfilet
10 - 12 Anchovis
4 cl Madeira
20 g Kokosfett
5 Pfefferkörner
Salz, weißer Pfeffer
Saft einer halben Zitrone
1 mittelgr. Zwiebel
1 Möhre
1/2 Sellerieknolle
1/4 l Fleischbrühe
1/8 l Sahne
1 Eßl. Speisestärke

Zubereitung:

Das Rinderfilet unter fließendem Wasser abspülen. Mit Pfeffer einreiben und in eine Schüssel legen. Zitronensaft und den Madeira darübergießen. Zugedeckt über Nacht (etwa 12 Stunden) im Kühlschrank stehen lassen.
Das Fleisch aus der Schüssel nehmen und noch einmal mit Salz bestreuen. Den Zitronen-Madeira-Saft für die Soße aufheben. Die Anchovis werden in feine längliche Stücke geschnitten und das Rinderfilet damit gespickt. Das Kokosfett in einem Bräter erhitzen, das Filet darin rundherum anbraten, danach in den vorgeheizten Backofen schieben. Nach etwa 30 Minuten die inzwischen geschälte und grob geschnittene Zwiebel, die Möhre, den Sellerie zum Braten geben und mit dem Braten noch eine Weile garen lassen. Den Braten mehrmals zwischendurch mit Bratensaft begießen. Das Fleisch auf eine vorgewärmte Platte geben und warm stellen.
Die Zitronen-Madeira-Marinade und die Fleischbrühe zur Bratensoße geben, aufkochen lassen und durch ein Sieb in einen Topf gießen. Die Speisestärke mit einigen Eßlöffeln Wasser anrühren und die Soße damit binden. Noch einmal kurz aufkochen lassen. Abschließend die Sahne unterrühren. Den Braten aufschneiden und mit der Soße servieren.

Zu beachten: Da die Anchovis sehr salzig sind, sollte das Fleisch nicht noch zusätzlich gesalzen werden!

Getränk: Limburger oder Schwarzriesling, rund-feurig aus Baden und Württemberg

»Lerchesberger« Rinderfilet im Blätterteig

Zutaten:

1000 g gut abgehangenes Rinderfilet
500 g Champignons

Zubereitung:

Das gut abgehangene Rinderfilet unter fließendem, kaltem Wasser abspülen, trockentupfen und mit Pfeffer gleichmäßig einreiben. Das Öl in einem Bräter stark erhitzen und

1 mittelgr. Zwiebel
50 g Butter oder Margarine
4 Eßl. Olivenöl
1 Eßl. Tomatenmark
1 Bund Petersilie
1 Päckchen fertiger, tiefgekühlter Blätterteig
1 Ei
Pfeffer, Salz

das Filet 5 Minuten lang von allen Seiten darin anbräunen. Anschließend auf einem Teller abkühlen lassen.
Inzwischen die Champignons in feine Scheiben schneiden, die Zwiebel und die Petersilie sehr fein hacken. Die Butter oder Margarine in einem Topf erhitzen und die Champignons zusammen mit den Zwiebeln darin dünsten. Tomatenmark zugeben, pfeffern, salzen und mit feingehackter Petersilie mischen.
Den Blätterteig auftauen, zu einem Rechteck ausrollen und mit der Pilzmasse belegen. Das Filet darauf geben und in den Teig einschlagen. Die Kanten gut zudrücken. Den Blätterteig mit verquirltem Eigelb bestreichen und das Ganze im vorgeheizten Backofen bei 220 Grad etwa 30 Minuten backen.

Beilage: Salatplatte

Getränk: Voller, runder Ahrburgunder

»Ginnheimer« Schinkenbraten in Rotwein

Zutaten:

750 g magerer Schinken
1/4 l herber Rotwein
1 l Fleischbrühe
3 große Zwiebeln
1 Eßl. Johannisbeergelee
1 Eßl. Senf
Saft einer Zitrone
1 Teel. Salbei
1 Teel. Majoran
1 Teel. Thymian
frisch gemahlener Pfeffer, Salz
2 Möhren
1 Sellerieknolle
1 Lorbeerblatt
2 Eßl. Kräuteröl
1 - 2 Eßl. Stärkemehl

Zubereitung:

Zunächst eine Marinade für das Fleisch herstellen. Die Gewürze Salbei, Majoran, Thymian, 1 Messerspitze frisch gemahlener Pfeffer, das Kräuteröl, den Johannisbeergelee, den Senf, den Zitronensaft zusammen mit dem Rotwein gut mischen. Zwei Zwiebeln schälen, fein reiben und unter die Gewürzmasse rühren. Mit Salz und Pfeffer würzen. Den Schinken in eine Schüssel geben und mit dieser Marinade bedecken.
Eine Zwiebel, Möhren und die Sellerieknolle schälen, waschen und grob würfeln und etwa 30 Minuten in der Fleischbrühe kochen lassen. Das Lorbeerblatt die letzten 5 Minuten mitkochen. Diese Brühe abkühlen lassen und dann über den Schinken gießen, zugedeckt 24 Stunden an einem kühlen Ort ziehen lassen. Danach das Fleisch aus der Marinade nehmen und mit einem Haushaltstuch trokkentupfen.
Das Kräuteröl in einem Bräter erhitzen und den Schinken

darin rundherum anbraten. Mit einem halben Liter Marinade angießen. Den Bräter in einem vorgeheizten Backofen bei etwa 220 Grad etwa 1 1/2 Stunde braten lassen. Den Braten aus dem Bräter nehmen und warm stellen. Den Bratenfond mit etwas Marinade ablöschen, durch ein Sieb passieren und mit Stärkemehl binden. Noch einmal kurz aufkochen lassen und je nach Geschmack würzen.

Getränk: Durchgegorener Spätburgunder (Baden, Pfalz), leicht gekühlt

»Seckbacher« Schweinegeschnetzeltes in Apfelwein mit Backobst

Zutaten:

750 g Schweinefleisch (Schweineschnitzel)
4 große Zwiebeln
1/8 l Sahne
500 g getrocknetes Backobst
1/4 l Apfelwein
1 Eßl. Schmalz
1 Eßl. Apfelmus
1 Teel. süßer Paprika
Salz, Pfeffer nach Geschmack

Zubereitung:
Das Backobst gründlich waschen und über Nacht in kaltem Wasser einweichen.
Das Schnitzelfleisch unter fließendem, kalten Wasser abwaschen, trockentupfen und in etwa 4 cm lange Streifen schneiden. Das Schmalz in einem Topf erhitzen und die Fleischstreifen darin kräftig anbraten. Die Zwiebeln schälen, waschen und in feine Ringe schneiden. Zum Fleisch geben und mitbraten. Mit Salz, Pfeffer und Paprika würzen. Mit etwa 1/8 Liter Einweichwasser vom Backobst aufgießen. Das Backobst über ein Sieb geben und abtropfen lassen. Die restliche Flüssigkeit in einem Gefäß auffangen. Die Früchte halbieren und zusammen mit der Einweichflüssigkeit und dem Apfelwein in das Fleisch geben. Gut unterrühren. Alles etwa 15 bis 20 Minuten schmoren lassen. Inzwischen die Sahne mit dem Apfelmus verrühren und das Geschnetzelte damit binden.
Anschließend in eine vorgewärmte Terrine füllen.

Beilage: Reis

Getränk: Apfelwein

Frauen aus dem Bürgerstand

Geflügel

Geflügel gibt's wohl aller Orten,
recht preiswert auch die guten Sorten,
es muß nicht nur gebraten sein,
gut schmecken auch die Innereien.

Geflügel

Blind Hinkel

Zutaten:

500 g Dörrfleisch
750 g junge Kartoffeln
500 g Karotten
500 g frische Brechbohnen
1/2 l Wasser oder Fleischbrühe
1 gestr. Eßl. Butter oder Margarine
1 Eßl. Petersilie
1 Prise Kräutersalz
1 Prise Zucker
Saft einer kleinen Zitrone

Zubereitung:

Das Wasser oder die Brühe zum Kochen bringen. Das Dörrfleisch, die gewürfelten Karotten und die Brechbohnen in die kochende Flüssigkeit geben. Die Gewürze gleichmäßig dazwischen streuen. Darauf die ebenfalls gewürfelten Kartoffeln geben.
Das Ganze langsam 1 Stunde kochen lassen. Eventuell nach und nach etwas Wasser nachgießen. (Nicht rühren). Nach etwa 1/2 Stunde die Butter oder Margarine und die Petersilie darüber geben. Erst ganz zum Schluß sollte dieses Gericht leicht durchgerührt werden.

Getränk: Bier

Hühnerbrust in Paprika-Champignons

Zutaten:

4 küchenfertige, gekochte Hühnerbrüstchen (etwa 600 g)
175 g frische Champignons
20 g Butter oder Margarine
1/4 l Sahne
3 Eigelb
8 cl Sherry
Salz, Pfeffer, süßer Paprika, scharfer Paprika
1 rote Paprikaschote
1 grüne Paprikaschote

Zubereitung:

Die gekochten und gehäuteten Hühnerbrüstchen in schräge Streifen schneiden. Die Paprikaschoten von den Kernen und Scheidewänden befreien. Die Champignons putzen, waschen und blättrig schneiden. Zwiebel schälen und fein hacken. Die Butter in einem Topf erhitzen und die Paprikaschoten etwa 5 Minuten dünsten, dann die Champignons und Zwiebeln dazugeben. Mit Pfeffer und Salz würzen und etwa 20 Minuten zugedeckt garen. Anschließend die Sahne unterziehen und noch einmal 5 Minuten bei schwacher Hitze ziehen lassen. Dann die Hühnerbruststreifen hineingeben, mit Paprika abschmecken und noch einmal erhitzen. Topf von der Kochplatte nehmen. Inzwischen Eigelb mit Sherry verquirlen und unter die Soße rühren. Sodann das Gericht in eine vorgewärmte Schüssel füllen.

Beilage: Reis

Getränk: Halbtrockener Riesling von Rhein, Nahe oder Pfalz

Hühnerklößchen

Zutaten:

1 küchenfertiges Suppenhuhn (etwa 1250 g)
2 l Wasser
25 g Butter oder Margarine
30 g Mehl
1 mittelgr. Zwiebel
2 Eiweiß
1/2 Bund Petersilie
Saft einer halben Zitrone
50 g Butter
1/8 l saure Sahne
1 3/4 l Hühnerbrühe
1/2 Bund Petersilie zum Garnieren

Zubereitung:

Das Suppenhuhn unter kaltem Wasser abwaschen. In einem Topf Wasser mit Salz und Pfeffer aufkochen. Das Huhn hineingeben und etwa 1 1/2 Stunden kochen. Danach das Suppenhuhn herausnehmen und die Brühe durch ein Sieb gießen.
Das Fett in einem Topf erhitzen. Mehl dazugeben und unter ständigem Rühren goldgelb werden lassen. 1/4 Liter Brühe unter ständigem Rühren mit dem Schneebesen dazugeben, so daß keine Klümpchen entstehen. Noch einmal kurz aufkochen.
Das Hühnerfleisch und die geschälte Zwiebel in den Mixer geben. Die Mehlschwitze, die saure Sahne, das Eiweiß und die feingehackte Petersilie daruntermengen. Anschließend mit Zitronensaft und den Gewürzen abschmecken.
1 1/2 Liter Brühe noch einmal aufkochen. Aus der Fleischmasse Klöße (etwa 5 cm) formen und in die kochende Brühe geben. Bei kleiner Hitze etwa 20 Minuten ziehen lassen. Die fertigen Klöße in eine vorgewärmte Schüssel geben und mit flüssiger Butter übergießen. Mit Petersilie garnieren.

Beilagen: Reis und Kopfsalat

Getränk: Riesling bis zum Kabinett von Mosel-Saar-Ruwer

Hühnerleber am Spieß

Zutaten:

400 g Hühnerleber
100 g geräucherter Speck
500 g Champignons
75 g Butter oder Margarine
Salz, weißer Pfeffer
375 g getrocknete Backpflaumen oder Aprikosen

Zubereitung:

Zunächst die Backpflaumen in kaltem Wasser einweichen.
Die Hühnerleber putzen und unter kaltem Wasser abspülen, dann halbieren. Die Speckscheiben halbieren. Die Backpflaumen aus dem Wasser nehmen, mit einem Haushaltstuch abtrocknen und einzeln in die halbierten Speckstreifen einrollen. Champignons auf einem Sieb abtropfen lassen. Dann die Leber, die Champignons und die in Speck eingewickelten Pflaumen abwechselnd auf 8 Spießchen stecken.

Mit Salz und Pfeffer würzen. Das Fett in einer Pfanne erhitzen und die Spießchen unter ständigem Wenden leicht braten.

Beilagen: Entweder Weißbrot und Butter oder Kartoffelpüree und Kopfsalat

Getränk: Zartblumiger, milder Franken-Sylvaner

Köchin — Frau aus vornehmen Stande

Wild

Wildbret, Geflügel, zahmes, wildes,
ist zur Ergänzung dieses Bildes
auch unter »Vorspeisen« zu finden –
und daß sich ja die Soßen binden!

Wild

Dippehas

Zutaten:

1 zerlegter Wildhase
500-750 g frische Bauchlappen
2 mittelgr. Zwiebeln
Pfeffer, Salz, Muskat
1 Lorbeerblatt
4 Pfefferkörner
1 Bund Petersilie
2 Tomaten
1/2 Teller geriebenes Schwarzbrot
1/8 l saure Sahne
60 g Butter oder Margarine
herber Rotwein (die Menge richtet sich nach dem Gefäß)
Wacholderbeeren

Zubereitung:

Wildhase nach Vorschrift häuten und unter kaltem Wasser abspülen. Mit Haushaltspapier trockentupfen. In etwa 12 Stücke teilen, Salz und Pfeffer mischen und die Fleischstükke damit einreiben. Die Bauchlappen unter kaltem Wasser waschen, trockentupfen und in kleine Würfel schneiden. Butter oder Margarine in einem breiten Topf erhitzen, die Fleischstücke reingeben und 2 Minuten auf jeder Seite anbraten. Zwiebeln klein hacken, Tomaten häuten und mit Muskat, Pfefferkörnern, Wacholderbeeren und Lorbeerblatt in den Topf geben. Alles zusammen noch einmal 1 Minute unter Rühren anbraten. Dann das Fleisch zusammen mit den angebratenen Zutaten mit dem Schwarzbrot in eine Kasserolle geben und mit herbem Rotwein aufgießen. (Das Fleisch muß bedeckt sein). Zugedeckt im Backofen 2 bis 3 Stunden leicht schmoren lassen. Vor dem Servieren saure Sahne unterziehen.

Getränk: Ruhländer Spätlese oder Ahrburgunder

Hasenragout

Zutaten:

etwa 1800 g Hasenkeule
1/8 l Wasser
1/2 l Rotwein
1/4 l Essig
2 Lorbeerblätter
5 Nelken
3 Pfefferkörner
1 Teel. Wacholderbeeren
1 mittelgr. Zwiebel
Abgeriebene Schale einer halben ungespritzten Zitrone
1 Knoblauchzehe
2 Zwiebeln
60 g Mehl

Zubereitung:

Für die Beize Wasser, Rotwein und Essig in eine Schüssel geben. 1 Zwiebel schälen und in grobe Würfeln schneiden. Zusammen mit den Lorbeerblättern, Nelken, 3 Pfefferkörnern, Wacholderbeeren in die Beize geben. Die Marinade gut verrühren. Zugedeckt 24 Stunden an einen kühlen Ort stellen.
Für die Soße 2 Zwiebeln, Sellerie, Möhren und Lauch schälen und würfeln.
Die Hasenkeule aus der Beize nehmen und in 3 cm große Stücke schneiden. Die Beize durch ein Sieb in einen Topf geben. Das Fett erhitzen und die in Mehl gewälzten Fleischstücke darin anbraten. Zwiebeln, Sellerie, Möhren und Lauch einige Minuten mitbraten. Anschließend 1/4 Liter Fleischbrühe und 1/8 Liter Beize darübergießen und zu-

Pfeffer, Salz
1/4 l Fleischbrühe
1/8 l Beize
60 g Butter oder Margarine
1/4 Sellerieknolle
1 Möhre
1 Lauchstange

gedeckt bei mittlerer Hitze schmoren lassen. Mit Salz und Pfeffer abschmecken. Die Soße vor dem Servieren durch ein Sieb passieren. Zum Schluß mit saurer Sahne verfeinern.

Wenn das Gericht besonders gut sein soll, kann man noch 1/2 Pfund Schweinebauch mitkochen.

Getränk: Rheingauer- oder Pfälzer Spätburgunder

Kaninchenfrikassee

Zutaten:

1 Kaninchen, ausgelöst in Keulen, Schultern und Rücken
2 Glas trockener Weißwein
1 Karotte
2 mittlere Zwiebeln
100 g gehackte Champignons
50 g Butter
1 Zitrone
Salz, Pfeffer
etwas frischer Thymian
1 Eigelb
1/2 Tasse Sahne

Zubereitung:

Die Kaninchenstücke in der Butter von allen Seiten anbraten. Die gehackte Karotte, Zwiebeln und Champignons dazugeben. Nach etwa 5 Minuten den Weißwein dazugeben, abdecken und etwa eine halbe Stunde bei kleiner Hitze köcheln lassen. Danach das Fleisch herausnehmen, die Flüssigkeit eventuell mit etwas Fleisch- oder Geflügelbrühe aufgießen, das Gemüse mit einem Mixstab oder durch ein Sieb pürieren. Danach mit etwas Zitronensaft, Salz und Pfeffer abschmecken, den Thymian dazugeben. Nachdem man noch etwas Sahne hinzugefügt hat, etwa 5 Minuten leicht einkochen und kurz vor dem servieren die Soße noch mit einem Eigelb abbinden. Das Fleisch hineingeben, heiß werden lassen, nicht mehr kochen und servieren.

Beilagen: Nudeln oder Reis

Getränk: Trockener Riesling von Nahe oder Rheinhessen

Soßen

Die Soßen, wie die hier beweisen,
sind Hauptsache bei allen Speisen.
Doch Chü ist A und O der Soßen –
man macht sie tunlichst gleich im großen.

Soßen

Von Lieb' allein wird niemand satt,
Wohl dem,
der was zu löffeln hat.

Apfelweinsoße

Zutaten:

3/8 l Apfelwein
1/8 l Wasser
70 g Zucker
20 g Speisestärke
4 Eier

Zubereitung:

Den Apfelwein und das Wasser mit Zucker aufkochen lassen. Die Speisestärke mit kaltem Wasser anrühren und in die Flüssigkeit gießen. Unter ständigem Rühren aufkochen und anschließend auf kleiner Flamme dick werden lassen. Anschließend von der Herdplatte nehmen. 4 Eigelb mit etwa 5 Eßlöffel heißer Soße mit einer Gabel verrühren und in die Soße geben. Das Eiweiß zu Schnee schlagen und vorsichtig unter die Soße heben. Kühl stellen!
Diese Soße paßt am besten zu den »Kartäuser-Klößen (siehe Seite 102).

»Frankfurter« Grüne Soße
»Grie Soß«

Zutaten:

2 Pakete fertig gepackte Kräuter (bekannt als »grüne Soße«)
1 Eigelb
4 gekochte Eier
4 Eßl. Öl
Salz, weißer Pfeffer
1 Eßl. Senf
2 - 3 Eßl. Essig oder den Saft einer Zitrone
1/4 l saure Sahne

Zubereitung:

Die gekochten Eier klein hacken. Die Eier und das Eigelb mit der sauren Sahne gut verrühren. Tropfenweise das Öl dazu geben. Mit dem Zitronensaft oder dem Essig, dem Senf, dem Pfeffer und dem Salz abschmecken. Die Kräuter gründlich unter fließendem Wasser waschen und fein hakken. Unter die Soße geben, gründlich verrühren und nochmals nach Geschmack nachwürzen.

Für diejenigen, die die Kräuter nicht abgepackt kaufen können oder wollen, hier die Zutaten: Schnittlauch, Petersilie, Kerbel, Borretsch, Pimpinelle, Dill und Sauerampfer. Eventuell kann man dazu noch Kresse, Estragon, Liebstöckel, Basilikum und Zitronenmelisse geben.

Rote Weinsoße mit Rosinen

Zutaten:

70 g Rosinen
2 Eßl. Mehl
1 Eßl. Butter oder Margarine
1/8 l Rotwein
Saft einer halben Zitrone
3/8 l Fleischbrühe
1 Prise Salz
Muskatnuß
2 Nelken
1 Messersp. Fleischextrakt

Zubereitung:

Die Rosinen in kaltem Wasser etwa 15 Minuten einweichen. In der Zwischenzeit das Fett in einem Topf erhitzen, Mehl reingeben und goldgelb bräunen lassen. Mit Fleischbrühe und Rotwein aufgießen. Die Rosinen auf einem Sieb abtropfen lassen und in die Soße geben. Das Ganze aufkochen. Mit Zitronensaft und Gewürzen abschmecken. Erst zum Schluß eventuell je nach Geschmack eine Messerspitze Fleischextrakt zugeben.

Vanillesoße

Zutaten:

1/2 l Milch
15 g Speisestärke
1 Vanillestange
30 g Zucker
1 Ei
1 Prise Salz

Zubereitung:

Die Speisestärke wird mit 3 Eßlöffeln Milch verrührt. Die restliche Milch mit der aufgeschnittenen Vanillestange und der Prise Salz aufkochen. Die angerührte Speisestärke mit einem Schneebesen unterrühren. Die Vanillesoße einmal aufkochen. Die Soße vom Ofen nehmen und die Vanillestange herausnehmen. Das Eigelb in einer Tasse verquirlen und unter die Soße geben. Das Eiweiß zu Schnee schlagen und unter die Soße ziehen.
Diese Soße paßt am besten zum Kirschmichel (Seite 111).

Pfannkuchen

Es muß nicht immer gar nur Fleisch sein,
auch eine Mehlspeis' schmeckt mal fein,
so laßt es uns mal gleich versuchen:
wir backen heute Pfannekuchen.

Pfannkuchen

»Hessischer« Speckpfannkuchen

Zutaten:

2 Eier
250 g Mehl
1/4 l Milch
100 g Weißes vom Lauch
100 g Tomaten
200 g Dörrfleisch
100 g Butter oder Margarine
1 Prise Salz, Pfeffer

Zubereitung:

Das Mehl in eine Schüssel geben, eine Vertiefung in das Mehl drücken, Salz und Eigelb reingeben. Nach und nach unter ständigem Rühren mit dem Schneebesen die Milch und das Wasser zufügen. Das Eiweiß zu festem Schnee schlagen und vorsichtig unter die Teigmasse heben.
Für die Füllung das in feine Streifen geschnittene Dörrfleisch leicht anbraten, den in Streifen geschnittenen Lauch dazugeben, ebenso die geschälten, entkernten und gewürfelten Tomaten. Alles zusammen weich dämpfen. Mit Salz und Pfeffer würzen und vom Feuer nehmen.
In einer Pfanne das Fett erhitzen, ein Viertel der Füllung hineingeben, darüber ein Viertel des Teiges gießen. Den Eierkuchen auf der Unterseite fest werden lassen. Die Pfanne in den vorgeheizten (220 Grad) Backofen stellen. Nach 3 Minuten herausnehmen, wieder auf den Ofen stellen und herumdrehen. Weitere 3 Minuten wie einen Pfannkuchen backen lassen. Mit Petersilie garnieren. Bei diesem Gericht mit Salz vorsichtig sein, da das Dörrfleisch schon gesalzen ist.

Beilage: Grüner Salat

Getränk: Bier

Spinatpfannkuchen

Zutaten:

200 g Mehl
3 Eier
1/2 Teel. Salz
1/4 l Milch
120 g Butter
etwas Margarine oder Öl
300 g tiefgekühlter Spinat
Salz, Muskat
1 Eßl. geriebener Emmentaler
2 Eßl. Sahne

Zubereitung:

Das Mehl in eine Schüssel geben, in die Mitte eine Mulde drücken und das Salz hinzufügen. Die Eier hineinschlagen und unter ständigem Rühren Milch dazu geben. Immer von der Mitte des Teiges aus rühren, damit sich keine Klümpchen bilden. 100 g Butter flüssig werden lassen und unter den Teig rühren. Margarine oder Öl in der Pfanne erhitzen und jeweils eine kleine Kelle Teig hineingeben. 8 bis 10 dünne Eierkuchen backen und im vorgewärmten Backofen warm stellen.

Für die Füllung währenddessen 20 g Butter in einem Topf schmelzen und den Spinat hinzufügen. Bei schwacher Hitze auftauen. Mit Salz und Muskat abschmecken. Den geriebenen Emmentaler zugeben. Einige Minuten kochen lassen, bis der Käse geschmolzen ist. Immer wieder leicht umrühren, damit nichts im Topf ansetzt. Zum Schluß die Sahne unterziehen.
Die warmen Eierkuchen mit der Spinatmasse füllen und zusammengerollt in eine feuerfeste Form geben. Etwas Sahne und geriebenen Emmentaler darüber geben. Das Ganze etwa 1/2 Stunde im Backofen überbacken.

Getränk: Bier

Gemüse

Gemüse sind nur dann vollendet,
wenn man nicht zu viel Mehl verwendet.
Gemüse sind nicht nur Zugaben:
sie müssen Selbstbedeutung haben.

Gemüse

Fröhlich und sich freundlich weisen dient zur Würze allen Speisen.

Gefüllte Artischocken

Zutaten:

175 g Gehacktes aus Kalbfleisch
75 g gekochter Schinken in Scheiben
75 g durchwachsener Speck geschnitten
4 Artischocken
125 g frische Champignons
1 l Fleischbrühe
3 Eier
2 cl Madeira
1 Zwiebel
2 hartgekochte Eier
2 Sardellen
Salz, Pfeffer, Paprika

Zubereitung:

Die Artischocken waschen und die Spitzen abschneiden. In Salzwasser halb gar kochen. Auf einem Sieb abtropfen lassen. Die mittleren Blätter auszupfen und die Artischocke bis auf den Boden aushöhlen, so daß nur noch die äußeren Blätter stehen bleiben.
Zwiebeln und hartgekochte Eier schälen und ganz fein hacken. Sardellen und Champignons ebenfalls fein hacken. In einer Schüssel Kalbsgehacktes, Champignons, Sardellen, Eier und Zwiebel gut mischen. Mit den Gewürzen abschmecken. Diese Fleischfarce in die Artischocken füllen. Die Blätter kreuzweise zusammenbinden. Den Boden eines Bräters mit Speck und Schinkenscheiben auslegen, darauf die gefüllten Artischocken setzen. Fleischbrühe und Madeira zugießen und dann weich dünsten. Da die Artischokken unterschiedlicher Größe sind, zwischendurch mit einer Gabel prüfen, ob sie gar sind. Die Artischocken vorsichtig herausnehmen und in eine vorgewärmte Schüssel geben. Die Sauce durch ein Sieb passieren, Eigelb mit Speisestärke verquirlen und in die Sauce geben. Noch einmal kurz aufkochen. Mit Pfeffer und Salz, wenn nötig, nachwürzen.

Getränk: Trockener Riesling von der Nahe

»Oberräder« gefüllte Auberginen

Zutaten:

250 g Hackfleisch halb Rind-, halb Schweinefleisch
2 Auberginen
1 mittelgr. Zwiebel
1 Ei
Salz, Pfeffer
4 Eßl. Öl
1/2 Bund Petersilie
4 gehackte Champignons
1 Eßl. Stärkemehl

Zubereitung:

Die Auberginen waschen, halbieren, aushöhlen und mit Zitronensaft beträufeln. Zwiebel, Champignons und Auberginenfleisch fein hacken und miteinander vermengen. Die Masse mit Pfeffer und Salz gut würzen. Das Hackfleisch mit dem Ei und der gehackten Petersilie vermengen, zu der Auberginenmasse geben und in die ausgehöhlten Auberginenhälften füllen. Das Öl in einem Topf erhitzen und die gefüllten Auberginen reingeben. Im Ofen 25 bis 30 Minuten gar schmoren. Anschließend herausnehmen und warm stellen. Den Bratenfond mit Wein und Wasser auf-

¹/₄ l Weißwein, herb
¹/₈ l Wasser
Saft einer halben Zitrone

gießen und mit Stärkemehl binden. Die Auberginen in die Soße geben.

Getränk: Hochheimer Spätburgunder

»Frankfurter« Fondue

Zutaten:

500 g Gouda
50 g Champignons
¹/₄ l Apfelwein
1 kleine Zwiebel
1 Eßl. gehackten Dill
2 cl Kirschwasser
Salz, weißer Pfeffer
25 g Butter oder Margarine

Zubereitung:

Das Fett in einem Topf erhitzen. Die Zwiebel schälen, fein schneiden und in dem Fett glasig werden lassen. Mit Apfelwein aufgießen. Den Käse grob raspeln, Champignons fein schneiden. Beides unter die Flüssigkeit geben. So lange rühren, bis es eine glatte Masse gibt. Sollte die Masse etwas zu dünn geraten sein, so rühren Sie etwas Stärkemehl mit 2 bis 3 Eßlöffeln Apfelwein an und binden damit die Masse. Mit Pfeffer, Salz und Kirschwasser abschmecken.

Beilage: Weißbrotscheiben in Würfel geschnitten

Getränke: Apfelwein und hinterher einen Kirsch

»Heddernheimer« gefüllte Ofenkartoffeln

Zutaten:

100 g roher Schinken
1000 g Kartoffeln (etwa gleiche Größe)
50 g Butter
¹/₈ l Sahne
2 Eier
1 kleine Zwiebel
1 Bund Schnittlauch
Salz, Pfeffer
Alufolie

Zubereitung:

Die Kartoffeln unter fließendem Wasser gründlich waschen und bürsten. Anschließend trockentupfen und mit Olivenöl rundherum einreiben. Die Kartoffeln einzeln in Alufolie einwickeln. Dann im Backofen bei 250 Grad etwa 45 Minuten backen.
Zwischenzeitlich den Schinken in feine Stückchen schneiden. Den Schnittlauch waschen und fein schneiden. Die Zwiebeln schälen, fein hacken. Die Sahne erhitzen.
Nach etwa 45 Minuten die Kartoffeln aus der Folie nehmen und oben aufschneiden. Mit einem Teelöffel die Kartoffeln aushöhlen, durch ein Sieb passieren und mit einem Schneebesen oder Haushaltsstab pürieren. Dieses Pürée zusammen mit der Butter in eine flache Kasserolle geben und

gut verrühren. Mit Salz und Pfeffer würzen und vom Ofen nehmen. Eigelb, Schnittlauch, Zwiebeln und die Schinkenwürfel nach und nach dazugeben. Das Eiweiß zu Schnee schlagen und unter die Masse rühren. Die ausgehöhlten Kartoffeln werden bis zur Hälfte mit der Kartoffelmasse gefüllt und noch einmal bei 180 Grad etwa 15 Minuten im Backofen weitergegart. Sofort heiß servieren.

Getränk: Bier

Kraut-Sputel

Die Besonderheit an diesem Rezept ist, daß Kraut, Fleisch und Klöße in einem Topf gekocht werden. Da in den meisten Haushalten kein rustikaler Eisentopf vorzufinden ist, eignet sich genausogut eine feuerfeste Form.

Zutaten:

4 Kasseler Koteletts (je etwa 150 g)
250 g Mehl
25 g Hefe
1/8 l lauwarme Milch
1 Teel. Zucker
1 Ei
50 g Margarine
1 mittelgr. Zwiebel
40 g Schweineschmalz
500 g Sauerkraut
2 Wacholderbeeren
1 Eßl. Zucker
Salz
1/8 l heiße Fleischbrühe

Zubereitung:

Das Mehl in eine Schüssel geben, in die Mitte eine Mulde drücken und die Hefe fein reinbröckeln. 2 Eßlöffel warme Milch und Zucker darüber geben. Mit dem Mehl vom Rand her zu einem Vorteig verrühren und zugedeckt 15 Minuten an einem zugfreien, warmen Ort aufgehen lassen. Anschließend die restliche Milch, 1 Prise Salz und das Ei hinzugeben, Margarine in Flöckchen auf den Rand legen und dann alles von außen nach innen zu einem Teig kneten. Der Teig wird dann so lange geschlagen, bis er Blasen wirft und sich vom Rand der Schüssel löst. Noch einmal 30 Minuten gehen lassen.
Zwischenzeitlich für das Sauerkraut die Zwiebel schälen und würfeln. Das Schweineschmalz in der feuerfesten Form erhitzen und die Zwiebelwürfel etwa 3 Minuten hellbraun anbraten. Das Sauerkraut auf einem Sieb abtropfen lassen und mit den Wacholderbeeren, Salz, Zucker und Fleischbrühe zu der angedünsteten Zwiebel geben und 10 Minuten kochen lassen.
Die Kasseler Koteletts unter kaltem Wasser kurz abspülen, mit Haushaltspapier abtrocknen und aufrecht in das Kraut stellen.
Aus dem Hefeteig vier Klöße formen und zwischen die

Koteletts legen. Die feuerfeste Form zudecken und im vorgeheizten Ofen etwa 50 Minuten garen.

Getränk: Apfelwein

Lauchstangen im Schinkenmantel

Zutaten:

4 Scheiben gekochter Schinken
4 große, dicke Lauchstangen
2-3 Eßl. Mehl
3 Eier
Fett

Zubereitung:

Die Lauchstangen putzen, gründlich waschen und auf einem Sieb abtropfen lassen. Sie von oben nach unten so einschneiden, daß sie an der Wurzel noch zusammenhängen. In einem Topf mit Salzwasser zum Kochen bringen, Lauchstangen hinein legen und zugedeckt etwa 10 bis 15 Minuten kochen lassen. Darauf achten, daß sie zwar weich sind, aber nicht zerfallen. Die Lauchstangen vorsichtig aus dem Salzwasser heben und auf einem Sieb abtropfen und abkühlen lassen. Danach um jede Lauchstange eine Scheibe Schinken wickeln. Mit Fleischklemmen oder einem Baumwollfaden zusammenhalten und zunächst in Mehl wenden. Die Eier auf einem Suppenteller verquirlen und die Lauchstangen ebenfalls darin wenden.
In einem großen Topf das Fett auslassen, erhitzen und die Lauchstangen schwimmend goldgelb ausbacken.

Das gleiche Gericht mit Chicorée gemacht, schmeckt genauso gut.

Getränk: Riesling von der Mosel oder der Saar

»Griesheimer« gefüllte Paprikaschoten

Zutaten:

300 g Hackfleisch, halb Rind-, halb Schweinefleisch
4 grüne Paprikaschoten
1 mittelgr. Zwiebel
1/2 l Fleischbrühe

Zubereitung:

Das Brötchen in kaltem Wasser einweichen. Von den Paprikaschoten am Stielende einen Deckel abschneiden. Die Schoten aushöhlen und waschen. Die Zwiebeln schälen, fein hacken und dämpfen. Das Brötchen ausdrücken, mit den gedämpften Zwiebeln, dem Gehackten und dem Ei ver-

1 Ei
40 g Butter oder Margarine
1 Teel. Speisestärke
1 Brötchen
2 Eßl. Tomatenmark
1/8 l saure Sahne

mengen. Mit den Gewürzen kräftig abschmecken und den Fleischteig in die Paprikaschoten füllen. Das Fett in einem Topf erhitzen und die Paprikaschoten reinsetzen. Die Fleischbrühe zugießen und etwa 30 Minuten bei mittlerer Hitze gar schmoren. Die Paprikaschoten vorsichtig aus dem Bratensaft heben und auf einen vorgewärmten Teller geben. Tomatenmark in dem Bratensaft verrühren und würzen. Die Speisestärke mit Sahne verquirlen und die Soße damit binden. Die Paprikaschoten in die Soße setzen und heiß servieren.

Getränk: Halbtrockener, süffiger Spätburgunder Weißherbst

Rosenkohlauflauf

Zutaten:

500 g Rosenkohl
500 g Kartoffeln
5 große Zwiebeln
50 g fetter Speck
375 g Tomaten
50 g Butter oder Margarine
1/4 l Milch
1/8 l Sahne
1 Ei
20 g Paniermehl
1/8 l Rosenkohlwasser
Muskatnuß, Salz, Pfeffer
Stärkemehl

Zubereitung:

Kartoffeln schälen, waschen und würfeln. Tomaten kurz mit heißem Wasser übergießen, häuten und vierteln, 3 Zwiebeln schälen, waschen und in grobe Würfel schneiden. Den fetten Speck in kleine Würfelchen schneiden und in einem Topf auslassen, das Gemüse und die Gewürze hineingeben und im geschlossenen Topf so lange schmoren lassen, bis das Gemüse verkocht ist. Diese Masse durch ein Sieb passieren und die Sahne unterrühren.
Nun den Rosenkohl putzen, waschen und auf einem Sieb abtropfen lassen (tiefgekühlter Rosenkohl läßt sich auch verwenden). Salzwasser in einem Topf zum Kochen bringen, den Rosenkohl reingeben, kurz aufkochen lassen und dann bei kleiner Hitze etwa 15 bis 20 Minuten gar kochen. Auf einem Sieb abtropfen lassen und das Rosenkohlwasser in einem Topf auffangen.
Die restlichen 2 Zwiebeln schälen und fein hacken. Fett in einem Topf erhitzen, die Zwiebeln darin glasig schmoren. Mit Milch und Rosenkohlwasser aufgießen und würzen. Das Stärkemehl und die Sahne zusammen mit dem Eigelb gut verrühren und an die Soße geben. Das Eiweiß zu Schnee schlagen und vorsichtig unter die Soße ziehen.
Eine feuerfeste Form ausfetten und zunächst den Gemüsebrei, dann den Rosenkohl reingeben. Zum Schluß das Ganze mit der Soße übergießen, mit Paniermehl bestreuen und

Butterflöckchen darauflegen. Den Auflauf in einem vorgewärmten Ofen bei 180 Grad etwa 30 bis 40 Minuten überbacken.

Getränk: Trockener Sylvaner aus Franken

»Oberräder« Sauerkraut-Krapfen

Zutaten:

500 g Sauerkraut
200 g durchwachsener Speck
1 große Zwiebel
1 Lorbeerblatt
1 Nelke
2 zerdrückte Wacholderbeeren
Margarine zum Ausfetten
1/8 l Fleischbrühe
1/8 l Apfelwein
Fleischbrühe
375 g Mehl
2 Eier
1/2 Teel. Salz
2 Eßl. Butterschmalz oder Margarine
3 Eßl. Wasser

Zubereitung:

Das Mehl in eine Schüssel geben und in der Mitte eine Mulde eindrücken. Die Eier, das Butterschmalz oder die Margarine, 1/2 Teelöffel Salz und das Wasser zu einem Teig verkneten. Den Teig mit einem Küchentuch bedecken und etwa 30 Minuten an einem warmen Ort ruhen lassen.
Den durchwachsenen Speck fein würfeln und in einem Topf auslassen. Zwiebeln schälen, fein würfeln und darin glasig werden lassen. Das Sauerkraut mit den Nelken, dem Lorbeerblatt und den zerstoßenen Wacholderbeeren im Säckchen dazu geben. Mit 1/8 Liter Fleischbrühe und 1/8 Liter Apfelwein aufgießen und zugedeckt 30 bis 45 Minuten köcheln lassen. Ein Küchentuch mit Mehl bestäuben und den Teig dünn zu einem Rechteck ausrollen. Das Lorbeerblatt aus dem Sauerkraut nehmen und das Kraut gleichmäßig auf dem ausgerollten Teig verteilen. Den Teig dann mit Hilfe des Tuches aufrollen. Das Teigende andrücken, so daß das Sauerkraut nicht rausquillt. Die Rolle in etwa 5 bis 6 cm große Stücke schneiden. Einen Bräter mit Fett gut ausfetten und die Krautkrapfen aufrecht nebeneinander hineinsetzen. Keine großen Zwischenräume lassen. In den Bräter etwa 2 bis 3 cm hoch Fleischbrühe gießen und zugedeckt im vorgeheizten Backofen bei etwa 200 Grad 20 bis 25 Minuten dämpfen. Die letzten Minuten ohne Deckel backen.

Getränk: Junger, spritziger Riesling von der hessischen Bergstraße

»Maier'sches« Sauerkraut

Zutaten:

1 1/2 Pfund geräucherter Schweinebauch
3/4 Pfund geräucherte Leiterchen
1 1/2 Pfund Sauerkraut
1/2 l Weißwein
1 Zwiebel
2 kl. Äpfel
2 Lorbeerblätter
6 Wacholderbeeren
1 1/2 Pfund weiße Weintrauben
20 g Schweineschmalz
Pfefferkörner

Zubereitung:

Das Schweineschmalz in einem Topf erhitzen. Die Zwiebel schälen, in kleine Würfel schneiden und im heißen Schmalz leicht glasig braten. Das Sauerkraut, das Fleisch, Pfefferkörner, Lorbeerblätter und Wacholderbeeren dazugeben. Mit Wein auffüllen und zugedeckt 15 Minuten leicht dünsten lassen.
Die Äpfel schälen, vierteln, Kerngehäuse entfernen und zu dem Sauerkraut geben. Nach weiteren 45 Minuten die halbierten und entkernten Trauben dazugeben. Dazu den Schweinebauch und die Leiterchen geben. Zugedeckt noch etwa 15 Minuten dünsten. Gesamte Kochzeit 1 1/2 bis 2 Stunden.
Anschließend die Leiterchen und den Schweinebauch herausnehmen und warmstellen. Zusammen mit dem Kraut auf einer vorgewärmten Platte anrichten.

Beilage: Kartoffelpüree

Getränk: Trockener Traminer oder Gewürztraminer aus dem Rheingau

Ausgebackene Schwarzwurzeln

Zutaten:

800 g Schwarzwurzeln
1 Teel. Öl
200 g Mehl
2 Eier
1/8 l Bier
1/2 Teel. Salz
1 Prise Backpulver
Fett
2 l Wasser
1 Tasse Essig
Saft einer Zitrone

Zubereitung:

Die Schwarzwurzeln gründlich unter fließendem Wasser abbürsten, schaben oder schälen und sofort in das vorbereitete Essigwasser geben, damit das empfindliche Gemüse nicht schwarz wird. Die Schwarzwurzeln im Essigwasser in 5 cm lange Stücke schneiden.
Wasser mit Salz und dem Saft einer Zitrone aufkochen und die Schwarzwurzelstücke reingeben. Etwa 20 Minuten kochen. Sie müssen fast gar sein. Mit dem Schaumlöffel auf ein Sieb geben und abtropfen lassen.
Das Mehl in eine Schüssel geben, in die Mitte Eigelb, Backpulver, Bier und Salz geben und zu einem Teig verrühren.

Das Eiweiß zu steifem Schnee schlagen und leicht unter den Teig ziehen.
Das Ausbackfett in einem Kochtopf erhitzen (bis sich an einem hölzernen Kochlöffel Bläschen bilden). Die Schwarzwurzeln mit Mehl bestäuben und im Teig wenden. Im heißen Fett schwimmend goldgelb ausbacken. Mit einem Schaumlöffel vorsichtig herausnehmen, abtropfen lassen und auf einer schon vorgewärmten Platte warmstellen.

Getränk: Junger Riesling von Mosel, Saar, Ruwer

Sellerie altdeutsche Art

Zutaten:

2 mittelgr. Sellerieknollen
1 Zwiebel
Salz, weißer Pfeffer
1 Prise Zucker
1 Lorbeerblatt
1/2 Bund Petersilie
1/2 l Fleischbrühe
400 g Pökelrinderzunge (gekocht)
4 cl Madeira
2 Eßl. feinblättrig geschnittene Champignons
1 Eßl. Bratensoße

Zubereitung:

Sellerieknollen säubern und achteln. Mit der in Scheiben geschnittenen Zwiebel, den Gewürzen, Lorbeerblatt, Petersilie in einen Topf geben. Brühe zugießen und zugedeckt etwa 35 Minuten weichdünsten (der Sellerie darf nicht zerfallen). Inzwischen die Pökelrinderzunge in feine Streifen schneiden. Die Sellerieachtel auf einer vorgewärmten tiefen Platte anrichten. Den durchgeseihten Kochfond mit Zungenstreifchen, Madeira, Champignons und etwas Bratensoße vermischen, abschmecken und über den Sellerie geben.

Getränk: Alt-Bier

»Eschersheimer« gefüllter Sellerie

Zutaten:

250 g Räucherfisch (Seelachs, Goldbarsch)
2 Sellerieknollen (etwa 1 kg)
1/8 l Essig
3/4 l Wasser
1 Zwiebel
25 g Zucker
Salz, Senf

Zubereitung:

Sellerieknollen schälen, halbieren und in einem Sud aus Essig, Wasser, Zwiebel, Zucker und Salz etwa 40 bis 50 Minuten garen. Etwas abkühlen lassen und so aushöhlen, daß eine 1 cm dicke Wand stehen bleibt. Inzwischen den Räucherfisch entgräten und in Schuppen zerteilen. Apfelsine und Apfel schälen, vierteln, in dünne Scheiben schneiden und mit dem Fisch vermengen. Mit Zitronensaft, Salz und 1

1 Apfelsine
1 Apfel
2 Eßl. Zitronensaft
100 g Mayonnaise (50 %)
Sardellenpaste
Salatblätter

Prise Zucker würzen und durchziehen lassen. Mayonnaise mit Senf und Sardellenpaste abschmecken. Den Salat in die Selleriehälften füllen, auf Salatblättern anrichten und eventuell mit Petersilie garnieren.

Getränk: Traminer oder Gewürztraminer aus Rheingau oder Pfalz

Gefüllter Spinatring

Zutaten:

800 g Spinat
200 g Weißbrot
1/8 heiße Milch
1 mittelgr. Zwiebel
80 g Butter
1/8 l Fleischbrühe oder Milch
Salz, Pfeffer, Muskat
Paniermehl

Zubereitung:

Den Spinat gründlich waschen, gut abtropfen lassen und grob wiegen oder schneiden. Das Weißbrot mit heißer Milch übergießen und weichen lassen. Die Zwiebel schälen und fein hacken. 30 g Butter in der Pfanne erhitzen und die Zwiebel darin goldbraun werden lassen. Weißbrot ausdrücken und mit den Zwiebeln zusammen kurz mitdämpfen lassen. Das Ganze leicht mit Mehl bestäuben und mit Brühe oder Milch ablöschen. Mit Salz, Pfeffer und Muskat würzen. 50 g flüssige, nicht heiße, Butter mit dem Spinat vermengen, zu der übrigen Masse geben und gut durcharbeiten.
Eine Springform ausfetten und mit Paniermehl ausstreuen, die Spinatmasse hineingeben und etwa 3/4 Stunden bei mittlerer Hitze backen lassen. Danach auf eine heiße Platte stürzen und den Ring mit Nudeln oder Reis auffüllen.

Getränk: Trockener Rheinhessen Riesling

»Praunheimer« Staudensellerie-Kuchen

Zutaten:

1 Paket fertigen Blätterteig
1 Staudensellerie
3 Zwiebeln
175 g durchwachsener Räucherspeck

Zubereitung:

Staudensellerie putzen und waschen. Salzwasser in einem Topf aufkochen, den Staudensellerie etwa 25 Minuten zugedeckt bei schwacher Hitze dünsten lassen. Anschließend herausnehmen und auf einem Sieb gut abtropfen lassen. Die Zwiebeln schälen und würfeln und den Speck in Strei-

4 Eier
250 g Gouda-, Tilsiter- oder Edamer-Käse
$^1/_4$ l saure Sahne
Muskat, Pfeffer, Salz
1 gehäufter Eßl. Speisestärke
20 g Butter oder Margarine
gemischte Streugewürze

fen schneiden. Das Fett in einer Pfanne erhitzen. Die Zwiebeln leicht dünsten und die Speckstreifen etwa 2 Minuten mitbraten. Die Speisestärke mit der Sahne und den Eiern gut verrühren. Den Käse reiben, mit den gedünsteten Zwiebeln und dem Speck vermengen, mit Pfeffer, Salz und Muskat (eventuell noch Streugewürze) abschmecken.
Den Blätterteig gleichmäßig in einer runden Springform auslegen. Den gut abgetropften Staudensellerie in längliche Stücke schneiden und sternförmig in die Form auf den Blätterteig legen. Zwiebeln, Speck und den geriebenen Käse darübergeben und mit der Ei-Sahne-Mischung übergießen.
Den Staudensellerie im vorgeheizten Backofen etwa 1 Stunde bei 200 Grad backen. Der Kuchen wird warm als Vorspeise oder kleiner Imbiß gegessen.

Getränk: Süßer oder Rauscher in der entsprechenden Jahreszeit, sonst Traminer oder Muscat aus Rheingau oder Pfalz

»Riederwälder« gratinierte Tomaten

Zutaten:

250 g gekochter Schinken
1000 g Tomaten
50 g Butter
30 g Petersilie
3 mittelgr. Zwiebeln
500 g Champignons
1 Bund Petersilie
100 g Parmesankäse
50 g Zucker
$^1/_8$ l Sahne
2 Eigelb
Salz, Pfeffer, Muskat
Paniermehl

Zubereitung:

Die Tomaten mit kochendem Wasser übergießen. Anschließend häuten, die Stengelansätze entfernen und in Scheiben schneiden. Champignons auf einem Sieb abtropfen lassen und in feine Scheibchen schneiden. Petersilie waschen und fein hacken. Den Schinken in feine Streifen schneiden. Eine Auflaufform ausfetten. Eine Lage Tomatenscheiben reingeben, mit Gewürzen und Paniermehl bestreuen. Dann eine Lage Champignons und Schinkenstreifen. Darauf kommt wieder eine Lage Tomaten usw. Den Abschluß sollten wiederum die Champignons, Schinkenstreifen bilden. Die letzte Lage mit kleinen Butterflöckchen belegen. Zum Schluß Eigelb, Parmesankäse und Sahne verquirlen, mit Muskat und Salz würzen und über den Tomatenauflauf geben. Mit Paniermehl bestäuben: Im vorgeheizten Backofen bei etwa 200 Grad 30 Minuten backen. Vor dem Servieren mit Petersilie garnieren.

Getränk: Hochheimer Riesling, halbtrocken

Weißkraut-Knödel

Zutaten:

50 g geräucherter, fetter Speck
1 kleiner Kopf Weißkohl (500 g)
1 l Wasser
Salz, weißer Pfeffer
4 alte Brötchen
1/8 l Milch
1 mittelgr. Zwiebel
1 Ei
40 g Mehl
1 Messersp. gemahlener Kümmel
1 Messersp. geriebene Muskatnuß
1 Bund Petersilie
2 l Wasser

Zubereitung:

Den Weißkohl gründlich waschen, vierteln und den Strunk herausschneiden. Wasser mit Salz und Pfeffer kochen lassen und den Weißkohl darin 20 Minuten garen. In der Zwischenzeit die Brötchen in 1 cm große Würfel schneiden und in eine Schüssel geben. Salz und die erwärmte Milch darübergeben und aufweichen lassen. Den Kohl aus dem Wasser nehmen, auf einem Sieb gut abtropfen lassen, mit einem Messer grob hacken und abkühlen lassen. Den Speck und die geschälten Zwiebeln klein würfeln. Zunächst den Speck in der Pfanne hellbraun braten, dann die Zwiebeln hineingeben und so lange weiterbraten, bis der Speck knusprig und braun ist. Aus dem Kohl jetzt das letzte Wasser herausdrücken, zu den eingeweichten Brotwürfeln geben, ebenfalls Ei, Mehl, Muskat und Kümmel. Salz und Pfeffer dazugeben und alles zusammen zu einem Teig kneten. Zum Schluß noch die gehackte Petersilie mit in den Teig kneten. Salzwasser aufsetzen und zum Sprudeln kommen lassen. Aus der Teigmasse etwa 8 Klöße formen und in das Salzwasser geben und etwa 15 Minuten garziehen lassen. Auf einer vorgewärmten Platte servieren.

Es ist ratsam, vorher einen Probekloß zu kochen. Ist der Teig zu fest, dem Teig einige Eßlöffel Milch zufügen. Ist der Teig zu weich, etwas Mehl unterkneten.

Zwiebelmus

Zutaten:

750 g Zwiebeln
3/8 l Fleischbrühe
1 Messersp. Zucker
Salz, weißer Pfeffer
20 g Mehl
50 g Butter oder Margarine
1/8 l Milch
1/8 l Sahne
1 Prise Muskatnuß

Zubereitung:

Die Zwiebeln schälen, abspülen und in grobe Würfel schneiden. Fleischbrühe mit 20 g Butter, dem Salz, dem Zucker aufkochen. Die Zwiebelwürfel reingeben und etwa 30 Minuten kochen lassen. Anschließend die Flüssigkeit mit den zerkochten Zwiebeln durch ein Sieb passieren und warmstellen. In einem Topf das Fett erhitzen und das Mehl dazugeben. Unter ständigem Rühren durchschwitzen lassen und mit Milch aufgießen. Die Zwiebelmasse gleichmäßig unterrühren. Etwa 10 Minuten leicht köcheln lassen.

Zum Schluß die Sahne unterziehen und das Zwiebelmus nach Geschmack würzen.

Das Zwiebelmus schmeckt besonders gut zu Hammelkoteletts oder Entenbraten.

»Frankfurter« Zwiwwelkuche

Zutaten:

1 Paket tiefgekühlter Blätterteig (300 g)
750 g Zwiebeln
250 g durchwachsener Speck
50 g Butter oder Margarine
etwas Mehl zum Ausrollen
3 Eier
1/4 l saure Sahne
1 Teel. Kümmel
1 Prise Salz

Zubereitung:

Den Blätterteig nach Vorschrift auftauen lassen. Zwiebeln schälen und in dünne Ringe schneiden. Den Speck fein würfeln. In einer Pfanne etwa 3 Minuten anbraten. Butter oder Margarine hinzugeben und weiter erhitzen. Die Zwiebelscheiben darin 10 Minuten glasig werden lassen.
Nun den Teig auf der bemehlten Arbeitsfläche 1/2 cm dick ausrollen. Die Springform (26 cm Durchmesser) mit kaltem Wasser ausspülen. Den Springformboden- und Rand mit Blätterteig gleichmäßig auslegen. Den Boden mit der Gabel mehrere Male einstechen.
Die Zwiebeln auf dem Teig gleichmäßig verteilen. In einer Schüssel Eier, Sahne, Salz und Kümmel verrühren und über die Zwiebeln gießen.
Die Form in den vorgeheizten Ofen auf die mittlere Schiene stellen. Backzeit etwa 40 Minuten.

Wir haben uns erlaubt, dieses Gericht ein wenig abzuändern. Alte Frankfurter Hausfrauen haben früher diesen Teig selber gemacht. Sie nahmen keinen Blätterteig, sondern sie bevorzugten dazu einen Hefeteig. Hier also die Variante:

Zutaten:

375 g Mehl
25 g Hefe
5-7 Eßl. Milch
1 Ei
75 g Butter oder Margarine
1 Prise Salz

Zubereitung:

Das Mehl durch ein Sieb in die Schüssel geben. Eine Mulde in die Mitte drücken und die Hefe fein reinbröckeln. Salz am Schüsselrand hinzugeben. Milch und Butter oder Margarine erwärmen und unter ständigem Rühren über die Hefemasse geben. Zum Schluß das Eigelb hinzufügen. Nun das Ganze mit dem übrigen Mehl vermengen und kneten. Den Teig nun so lange abschlagen, bis er Blasen zeigt und sich glatt von der Schüssel löst. Im Backofen bei 50 Grad gehen lassen, bis sich der Teig um das Doppelte seines Umfangs vermehrt hat. Den Teig in eine Springform drücken und einen 2 cm hohen Rand formen.

Getränk: Süßer oder Rauscher

Bürgersfrauen

Salate

Als Beilage war er zunächst nur gedacht,
bis Mutter uns auf den Geschmack gebracht,
ob süß, ob sauer angemacht,
mein Hausrezept wird hier gebracht.

Salate

Chicorée-Käse-Salat

Zutaten:

500 g Chicorée
250 g Emmentaler
250 g Tomaten
4 hartgekochte Eier
4 Eßl. Weinessig
Saft einer halben Zitrone
3-4 Eßl. Öl
1 Teel. Senf
1/2 Teel. Zucker
1/2 Bund Schnittlauch
1 mittelgr. Zwiebel
1/8 l saure Sahne
Pfeffer, Salz

Zubereitung:

Den Chicorée waschen und putzen. Am Wurzelende etwa 2 cm abschneiden und den bitteren Kern keilförmig herausschneiden. Anschließend etwa 60 Minuten in lauwarmes Salzwasser stellen. Die Chicoréestangen längs achteln. Die Tomaten kurz in heißes Wasser legen, abziehen, vierteln, den Strunk herausnehmen, die Viertel noch einmal dreiteilen. Die hartgekochten Eier achteln. Den Emmentaler in feine 3 cm lange Streifen schneiden. Diese Zutaten in eine Schüssel geben. Für die Soße den Schnittlauch waschen, die Zwiebel schälen und beides fein hacken. Zusammen mit dem Essig, Zitronensaft, Öl, Senf, Salz und Pfeffer in einer Schüssel gut verrühren. Zum Schluß die Sahne unterziehen. Dieses Dressing über den Salat geben und leicht mit dem Salatbesteck mischen.

Pfingstsalat

Zutaten:

6 Lauchstengel
125 g durchwachsener Speck
100 g Korinthen
Salz, Pfeffer
Essig nach Geschmack
15 g Zucker

Zubereitung:

Die Lauchstengel putzen und mehrmals gründlich waschen. Den Lauch in kurze Stücke (2 cm) schneiden. Salzwasser in einem Topf aufkochen, die Lauchstücke reingeben und weich kochen. Danach auf ein Sieb geben, mit kaltem Wasser übergießen und abtropfen lassen.
Den durchwachsenen Speck in kleine Würfelchen schneiden und in einer Pfanne auslassen, so lange bis die Speckwürfelchen kross geworden sind. Die Specksoße in eine Schüssel geben und mit Salz, Pfeffer und Essig würzen. Die Korinthen zusammen mit dem Zucker in kaltem Wasser aufkochen, bis sie aufgequollen sind. Die Flüssigkeit abschütten. Korinthen und Lauch in die Salatsoße geben und etwa 1/2 Stunde ziehen lassen.

Schinken-Staudensellerie-Salat

Zutaten:

1 Staude Stangensellerie
1 Bund Radieschen
125 g gekochter Schinken
1/2 Bund Petersilie
1 Eßl. Öl
2-3 Eßl. Weinessig oder Sherryessig
1 Teel. Senf
Pfeffer, Salz

Zubereitung:

Die grünen äußeren Stangen der Staude mit Kartoffelschäler abhobeln und in feine Streifen schneiden. Gewaschene Radieschen in Scheiben und gekochten Schinken in Streifen schneiden. Die Petersilie unter fließendem Wasser waschen und klein hacken. Alles vermischen, mit dem Öl, dem Weinessig oder dem Sherryessig, dem Senf, dem Pfeffer und dem Salz anrichten.

Süßspeisen
Nachspeisen

Nachspeisen gibt es viele Sorten:
Aufläufe, Puddings, Cremes und Torten
und alle anderen Süßigkeiten,
die dann zum Backwerk überleiten.

Süßspeisen und Nachspeisen

Geformte Apfelbällchen in Glühwein

Zutaten:

175 g Butter oder Margarine
220 g Zucker
2 Eier
90 g Semmelbrösel
25 g feingeschnittenes Zitronat
250 g Äpfel
50 g Mehl
150 g Paniermehl
1 l Rotwein
Nelken, Zimt
Schale einer halben ungespritzten Zitrone

Zubereitung:

50 g Butter oder Margarine schaumig rühren, 70 g Zucker und Eier hinzugeben und gründlich verrühren. Anschließend die Semmelbrösel und das Zitronat gut vermengen. Die Äpfel waschen, schälen, vierteln und das Kerngehäuse entfernen. In kleine (1/2 cm) Würfelchen schneiden und zu der Masse geben und gründlich vermengen. Aus der Apfelmasse kleine Bällchen formen, in Mehl, anschließend in einem verquirlten Ei und danach in Paniermehl wenden. 125 g Butter oder Margarine in einem Topf leicht erhitzen und die Bällchen darin langsam goldbraun werden lassen. Die Apfelbällchen aus dem Fett nehmen und auf Haushaltspapier setzen, damit das Fett aufgesaugt wird. Auf der oberen Seite eine Nelke und auf der unteren Seite ein kleines Stück Zimt als Verzierung stecken. Die Bällchen sehen somit aus wie Äpfelchen.
Den Rotwein zusammen mit 150 g Zucker, etwa 2 cm einer Zimtstange, 3 Nelken und der Zitronenschale erhitzen. Die Flüssigkeit darf nicht kochen!
Die Apfelbällchen mit dem heißen Glühwein übergießen und sofort servieren.

Apfelklöße

Zutaten:

500 g Mehl
250 g Äpfel
50 g Butter oder Margarine
1 Ei
1 Teel. Salz (5 g)
1/2 l Milch
1 Teel. Backpulver
3 l Wasser
2 1/2 Eßl. Salz
Zimt, Zucker

Zubereitung:

Das Mehl, die Milch, die Butter oder Margarine, das Salz und das Ei zu einem glatten Teig verrühren. Zuletzt das Backpulver daruntermischen. Die Äpfel schälen, das Kerngehäuse herausschneiden, in kleine Würfel schneiden und zusammen mit dem Teig vermischen. Zwischendurch werden 3 Liter Wasser mit 2 1/2 Eßlöffel Salz zum Kochen gebracht. Aus der Teigmasse werden kleine Klöße geformt und in das kochende Wasser gegeben. Langsam etwa 15 bis 20 Minuten ziehen lassen. Nach der angegebenen Garzeit zunächst einen Kloß herausnehmen und auseinanderteilen, um zu sehen, ob er gar ist. Mit Zimt und Zucker bestreuen.

Apfelspeise

Zutaten:

6-7 große Äpfel
2 Eßl. Rum
3 Eßl. Zucker
2 Messersp. Zimt
350 g geriebenes Schwarzbrot
1 Eßl. Rosinen
1 Eßl. Sultaninen
1 Eßl. geriebene Mandeln
1 Teel. Zitronat
Abgeriebene Schale einer ungespritzten Zitrone
etwas Staubzucker
50 g Butter oder Margarine
Saft einer Zitrone

Zubereitung:

Die Sultaninen und Rosinen waschen und in Wasser aufweichen lassen. Die Äpfel waschen, schälen und vierteln. Das Kerngehäuse entfernen und die Apfelviertel in Scheiben schneiden. Das Fett in einem Topf zergehen lassen, Zitronensaft, Rum, Zucker und Zimt hinzugeben und die Apfelscheiben darin dämpfen. (Die Apfelscheiben dürfen nicht zerfallen!) Inzwischen die Rosinen und Sultaninen auf einem Sieb abtropfen lassen. Mit dem Schwarzbrot, den Mandeln, dem Zitronat und der abgeriebenen Schale einer ungespritzten Zitrone vermengen. In eine gebutterte Auflaufform wird zunächst eine Lage Schwarzbrotmischung gegeben, darauf eine Lage gedämpfte Apfelscheiben, als Abschluß noch einmal eine Lage Schwarzbrotmischung. (Geschmacklich verfeinern kann man diese Süßspeise, indem man den Apfelscheiben Aprikosenmarmelade beigibt). Im vorgeheizten Backofen bei 180 Grad etwa 45 bis 60 Minuten backen lassen.

Apfelweinsoße mit Schwänchen

Zutaten:

1/2 l Apfelwein
65 g Zucker
2 cm von einer Zimtstange
Abgeriebene Schale einer ungespritzten Zitrone
1 Päckchen Vanillezucker
1 Nelke
2 Eier
1 Teel. Stärkemehl

Zubereitung:

Eigelb, Zucker und Stärkemehl mit 3 Eßlöffel Apfelwein anrühren. Den restlichen Apfelwein mit den Gewürzen zum Kochen bringen. Den Topf vom Feuer nehmen und die vorher angerührte Flüssigkeit hineingeben. Noch einmal kurz aufkochen lassen. Das Eiweiß zu festem Schnee schlagen und mit einem Teelöffel portionsweise auf die heiße Soße setzen. Sofort mit einem Deckel zudecken, damit der Eischnee fest bleibt.

Äppelauflauf

Zutaten:

500 g saure Äpfel
1/2 l Milch
25 g Butter
65 g Grieß
0,1 l Weißwein
25 g Sultaninen
1 Päckchen Vanillezucker
2 Eßl. Sahne
Zucker
2 Eier
Saft einer Zitrone
1 Prise Salz
Zimt
Butter

Zubereitung:

Die Milch aufkochen lassen, Butter, 100 g Zucker, Vanillezucker und Salz hineingeben. Den Grieß mit dem Schneebesen unter ständigem Rühren einstreuen und etwa 10 Minuten auf kleiner Flamme aufquellen lassen. Anschließend die Masse abkühlen lassen.
Die Äpfel schälen, vierteln und das Kerngehäuse entfernen. Dann in feine Scheiben schneiden. Anschließend mit Weißwein und Zitronensaft übergießen. Die Sultaninen im Wasser etwa 10 Minuten aufweichen lassen, Wasser abgießen und die Sultaninen fein hacken. Zucker nach Geschmack darüber geben und etwa 15 Minuten ziehen lassen. Danach diese Masse und die Apfelscheiben unter den Grießbrei heben. 2 Eigelb und die Sahne unterrühren. Das Eiweiß zu steifem Schnee schlagen und ebenfalls unter den Brei heben.
Diese Masse in eine gebutterte, feuerfeste Auflaufform füllen und 40 Minuten bei 180 Grad im Backofen backen. Den fertigen Auflauf mit Zimt und Zucker bestreuen.

Aprikosenäpfel nach Großmutter Art

Zutaten:

4 mittelgr. Äpfel
1 gr. Dose Aprikosen
3 Eßl. Honig
60 g Mandelsplitter
1/4 l süße Sahne
25 g Butter

Zubereitung:

Die Äpfel schälen und das Gehäuse mit einem Spezialmesser entfernen. Eine Auflaufform ausbuttern und die Äpfel hineinlegen.
Mit dem Handmixgerät die Aprikosen, die Hälfte des Saftes und den Honig pürieren. Diese Aprikosensoße über die Äpfel geben. Die Mandelsplitter gleichmäßig darüberstreuen.
Den Backofen 10 Minuten bei 250 Grad vorheizen. Anschließend die Äpfel etwa 40 Minuten bei 200 Grad schmoren lassen.
Inzwischen die Sahne schlagen und zu der heißen Apfelspeise servieren.

Ebbelränzcher

Zutaten:

200 g Mehl
50 g Zucker
5 Eier
1/8 l Bier
1 Eßl. Rum
1 Eßl. Kirschwasser
1 Prise Salz
Abgeriebene Schale einer halben ungespritzten Orange
150 g Butter oder Margarine
500 g Äpfel
1 Tasse lauwarme Milch
Staubzucker

Zubereitung:

Die Äpfel schälen. Nicht vierteln, sondern lediglich das Kerngehäuse mit einem Spezialmesser herausschneiden. Den Apfel dann in Scheiben schneiden und zwar so, daß jede Scheibe in der Mitte ein Loch hat.
Mehl in eine Schüssel geben und eine Mulde hineindrücken. Den Zucker mit dem Eigelb hineingeben und verrühren. Nach und nach Rum, Kirschwasser und Wasser hinzugeben und einen Teig kneten. Diesen Teig etwa 1 1/2 Stunden stehenlassen. Das Eiweiß zu festem Eischnee schlagen und vorsichtig unter den Teig ziehen.
Das Fett in einem Topf erhitzen. Die Apfelscheiben in den Teig tauchen und in das heiße Fett geben. Goldbraun ausbacken lassen und anschließend auf eine vorgewärmte Platte legen. Zum Schluß mit Staubzucker bestäuben.

Erdbeer-Quark-Schaum

Zutaten:

1000 g Erdbeeren
250 g Magerquark
2 Becher Joghurt
1 Banane
2 Eiweiß
5-6 Eßl. Zucker

Zubereitung:

Die Erdbeeren gründlich waschen, entstielen und auf einem Sieb abtropfen lassen. Die Erdbeeren halbieren, in eine Schüssel geben und die Hälfte des Zuckers darübergeben. Etwa 1 Stunde kalt stellen. Inzwischen den Quark, den Joghurt, die in kleine Stücke geschnittene Banane und den restlichen Zucker in den Mixer geben und pürieren. Ebenfalls kalt stellen. Vor dem Servieren das Eiweiß zu festem Schnee schlagen und unter die Quarkmasse geben. Die Erdbeeren auf Teller verteilen und die Quarkmasse darauf geben.

Erdbeer-Schwips

Zutaten:

500 g Erdbeeren
Saft einer halben Orange
1 Teel. Zitronensaft
3-5 Eßl. Zucker (je nach Reife der Erdbeeren)
1/2 l Rotwein (Beaujolais)

Zubereitung:

Die Erdbeeren gründlich waschen, entstielen und auf einem Sieb abtropfen lassen. Die Erdbeeren halbieren, in eine Schüssel geben und mit Zucker bestreuen. Den frischen Orangensaft und Zitronensaft darüber geben und etwa 1 Stunde kalt stellen. Etwa 30 Minuten vor dem Servieren mit Rotwein aufgießen und noch einmal kalt stellen. Dazu Vanilleschlagsahne geben.

Dieses Erdbeerdessert kann man auch, mit mehr Rotwein aufgefüllt, als Longdrink servieren.

Rote Grütze

Zutaten:

500 g Johannisbeergelee
1/2 l Wasser
500 g gefrostete Himbeeren
15 g Blatt-Gelatine

Zubereitung:

Zunächst die Himbeeren auftauen. Die Gelatine in kaltem Wasser einweichen. Den Johannisbeergelee und Wasser in einem Topf zum Kochen bringen, vom Ofen nehmen und die Himbeeren unterrühren. Die Gelatine abgießen und ausdrücken, dann in die Flüssigkeit geben. Die Grütze sofort in 10 Cocktailgläser abfüllen und etwa 12 Stunden im Kühlschrank erstarren lassen.

Heidelbeer-Omelett

Zutaten:

250 g frische oder tiefgekühlte Heidelbeeren
3 Eier
5 Eßl. Puderzucker
1 Päckchen Vanillezucker
4 Eßl. Butter
1 Messerspitze gemahlener Zimt

Zubereitung:

Die frischen Heidelbeeren waschen und gründlich verlesen, (tiefgekühlte Heidelbeeren auftauen). In eine Schüssel geben, mit Zucker bestreuen und etwa 30 Minuten ziehen lassen. Das Eiweiß zu einer steifen Schaummasse schlagen. Vorsichtig den Zucker unterziehen, unter weiterem Schlagen mit dem Schneebesen werden vorsichtig drei Eidotter unter das Eiweiß gegeben. Nun den Saft von den Heidelbeeren abgießen und für die Soße aufheben.

In einer Deckelpfanne die Butter zerlassen und die Hälfte der Schaummasse reingeben. Die Ofenhitze kleiner stellen, da die Masse sonst zu schnell bräunt. Auf die schnell fest werdende Schaummasse kommen nun löffelweise die gezuckerten Heidelbeeren. Auf die Beeren wird nun der Rest der Schaummasse gegeben.
Zwischen Omelett und Pfannenrand wird flockenweise die Butter gegeben und die Pfanne in den vorgeheizten Ofen geschoben. Bei etwa 160 Grad bräunt das Omelett in wenigen Minuten.
Auf einer vorgewärmten Platte soll es schnell in vier Teile geschnitten und serviert werden, damit es nicht zusammenfällt.
Mit flüssiger Sahne verrührt, kann der Heidelbeersaft zu einer köstlichen Soße für das Heidelbeeromelett werden.

»Kartäuser«-Klöße

Zutaten:

8 alte Brötchen
1 l heiße Milch
2 Eier
40 g Zucker
1 Prise Salz
1 Löffelspitze Zimt
100 g Butter
Abgeriebene Schale einer halben ungespritzten Zitrone

Zubereitung:

Zunächst werden die Brötchen rundherum abgerieben. Die Brösel werden für die Klöße gebraucht. In einer Schüssel werden Eier, 20 g Zucker, Milch, die abgeriebene Zitronenschale und Salz verrührt. Die halbierten Brötchen werden in die Flüssigkeit gegeben. Etwa 10 Minuten aufweichen lassen. Anschließend die eingeweichten Brötchen herausnehmen und abtropfen lassen. Die abgeriebenen Brösel mit Zimt und 20 g Zucker vermischen. Die Brötchen darin wenden.
In einer Pfanne die Butter erhitzen und die Brötchen (Klöße) darin von beiden Seiten goldbraun backen. Auf einer warmen Platte servieren.

Beilage: Apfelweinsoße, siehe Seite 69

Kirsch-Omelett soufflé

Zutaten:

20 g Butter
4 Eier
3 Eßl. Zucker
Mehl
1 1/2 Tassen Milch
2 cl Kirschwasser
125 g Kirschen

Zubereitung:

Die Kirschen waschen, entkernen, halbieren und mit Kirschwasser beträufeln. In einem Topf das Fett, die Milch und 3 Eßlöffel Zucker erhitzen und verrühren. Darin das Mehl mit einem Schneebesen unterheben und gut verrühren, bis sich die Masse vom Topf löst. Den Topf vom Herd nehmen und etwas abkühlen lassen. Dann nach und nach 4 Eidotter reingeben. Das Eiweiß der Eier zu festem Eischaum schlagen und vorsichtig unter die Masse heben. Anschließend die Kirschen mit dem Kirschwasser hinzufügen.
Vier feuerfeste Förmchen ausfetten, mit Zucker bestreuen und die Masse reingeben. Im vorgewärmten Ofen bei 150 Grad etwa 15 Minuten backen. Danach mit Puderzucker bestreuen und sofort servieren.

»Frankfurter« Schlafhaube

Zutaten:

125 g Reis
3/4 l Milch
1 Päckchen Vanillezucker
50 g Zucker (mehr oder weniger, je nach Geschmack)
1 1/2 Eßl. Rum
5 Eier
25 g Butter zum Ausstreichen der Auflaufform
1 Prise Salz
Abgeriebene Schale einer halben ungespritzten Zitrone
150 g Kirschen oder Aprikosen

Zubereitung:

Die Milch mit der Prise Salz zum Kochen bringen. Den Reis in einem Sieb abspülen und abtropfen lassen. In die Milch geben und etwa 35 Minuten leicht quellen lassen. Anschließend vom Ofen nehmen. 5 Eigelb, Vanillezucker, Zucker, Rum und die geriebene Zitronenschale in einer Schüssel schaumig schlagen. Diese Masse wird unter den Reis gerührt und in eine Auflaufform gegeben. In der Mitte des Auflaufs eine Vertiefung machen und mit Obst (Kirschen oder Aprikosen etc.) ausfüllen. Mit Reis bedecken. Die Auflaufform in den vorgeheizten Ofen geben und etwa 15 Minuten backen lassen. Inzwischen das Eiweiß mit Zucker zu festem Eischnee schlagen und gleichmäßig unter den Auflauf geben. Noch einmal in den Ofen schieben und goldgelb überbacken. Diese Süßspeise heiß servieren.

Zitronencreme

Zutaten:

4 Eier
100 g Zucker
4 Blatt weiße Gelatine
3 Eßl. Apfelwein
Saft einer Zitrone
Schale einer viertel ungespritzten Zitrone
1/4 l süße Sahne

Zubereitung:

Die Gelatine in kaltem Wasser einweichen. Die Eigelb mit dem Zucker so lange mit einem Mixer oder Schneebesen verrühren, bis eine sämige Masse entstanden ist. Die Schale einer viertel ungespritzten Zitrone und den Zitronensaft hinzufügen. In einer Schüssel das Eiweiß zu Schnee schlagen. Den Apfelwein erhitzen und die aufgeweichte Gelatine hinzugeben. Nach dem Erkalten in die Ei-Zuckermasse geben. Anschließend vorsichtig den Eischnee unterziehen. Die süße Sahne schlagen und damit die Zitronencreme garnieren.

Kuchen Plätzchen

Hier folgt das Backwerk und die Zweige
der Blätter-, Hefen-, Butterteige:
Man muß sie rühren, muß sie kneten,
dann gibt es köstliche Pasteten,
Fruchttörtchen, Kuchen und Makronen,
sogar gebackene Zitronen.

Kuchen und Plätzchen

»Frankfurter« Apfelkuchen

Zutaten:

250 g Zucker
200 g Butter oder Margarine
300 g Mehl
4 Eigelb
Abgeriebene Schale einer halben ungespritzten Zitrone
1 Prise Salz
1500 g Äpfel (saure)
1/4 l Milch
1/4 l Sahne
35 g Stärkemehl
Mark einer halben Vanillestange

Zubereitung:

Das Mehl in eine große Schüssel geben. In die Mitte eine Vertiefung drücken und 1 Eigelb, 200 g Zucker, die abgeriebene Zitronenschale und die Prise Salz hineingeben. Auf den Rand die in Flöckchen geschnittene Butter geben. Nun von außen nach innen die Zutaten gut verkneten. Den Teig etwa 10 Stunden kühl stellen. Danach den Teig in zwei Hälften teilen. Eine Springform einfetten und mit der Hälfte des Teiges auslegen. Mit der anderen Teighälfte den Rand auslegen und fest andrücken. Den Teigboden mit Paniermehl bestreuen.
Die Äpfel schälen, vierteln und das Kerngehäuse herausschneiden. Den Kuchenboden dicht auslegen.
Für die Creme 3/4 der Milchmenge, die Sahne und 150 g Zucker zusammen mit dem Vanillemark aufkochen. In einer Schüssel Speisestärke und 3 Eigelb mit dem Rest der Milch verrühren, in die kochende Flüssigkeit geben und unter ständigem Rühren dick kochen lassen. Diese Vanillecreme heiß über die Äpfel gießen. Den Apfelkuchen gleich in den vorgeheizten Ofen geben und bei 180 Grad etwa 1 Stunde backen lassen. (Die Äpfel müssen weich sein.)

»Frankfurter« Bethmännchen

Zutaten:

500 g Rohmarzipan
100 g Puderzucker
etwas Rosenwasser
65 g geschälte Mandelhälften

Zubereitung:

Das Rohmarzipan und den Puderzucker zusammen mit dem Rosenwasser zu einem Teig kneten. Diesen Marzipanteig in 150 g-Stücke abwiegen. Zu Rollen von etwa 2 1/2 cm Durchmesser formen und davon 10 gleich große Stücke schneiden. Diese Marzipanstücke in kleine Kugeln formen und an jede der Kugel drei halbe Mandeln der Höhe nach aufsetzen, die vorher mit Wasser angefeuchtet werden, damit sie kleben.
Ein Backblech mit Pergamentpapier belegen, dünn mit

Zucker bestreuen und die Bethmännchen daraufsetzen. Im vorgeheizten Backofen – ohne Unterhitze – bei etwa 150 Grad hellbraun backen. (Die Backzeit ist sehr kurz.)

»Klein's« Bienenstich — einmal anders

Zutaten:

250 g Mehl
0,1 l Milch
15 g Hefe
200 g Zucker
1 Ei
225 g Butter
1 Prise Salz
Abgeriebene Schale einer halben ungespritzten Zitronen
100 g Sahne
50 g Bienenhonig
175 g gehobelte Mandeln

Zubereitung:

Die Milch leicht erwärmen, in eine Schüssel geben und die Hefe darin auflösen. Die Hälfte des Mehls dazugeben und gut verrühren. Den Teig leicht mit Mehl bestäuben, mit einem Küchentuch bedecken und etwa 15 Minuten gehen lassen.
In einer anderen Schüssel 50 g Butter, das Ei mit 25 g Zukker, der abgeriebenen Zitronenschale und der Prise Salz schaumig rühren und zum gegangenen Teig geben. So lange kneten, und unterarbeiten, bis sich der Teig vom Schüsselrand löst und Blasen schlägt. Den Teig mit einem Tuch bedecken und noch einmal 20 Minuten gehen lassen.
Den fertigen Teig ausrollen (etwa 1 1/2 cm dick) und auf ein gefettetes Backblech legen und wiederum etwa 15 bis 20 Minuten zugedeckt gehen lassen.
Für den Belag die Sahne, 175 g Zucker, 175 g Butter und den Honig in einem Topf gut verrühren, unter ständigem Rühren erhitzen und etwa 5 Minuten kochen lassen. Danach die Mandeln unterheben. Die heiße Masse auf den gegangenen Teig geben und etwa 25 Minuten backen, bei 180 bis 200 Grad.
Wer aber lieber einen gefüllten Bienenstich mag, kann auch folgende Variation ausprobieren.

Zutaten:

1/2 l süße Sahne
35 g Zucker
Vanillemark
4 Blatt weiße Gelatine

Zubereitung:

Den Kuchen erkalten lassen und quer durchschneiden. Die Gelatine in Wasser einweichen. Die Sahne in eine Schüssel geben und steif schlagen. Den Zucker und das Vanillemark von 1/2 Vanillestange zugeben. Die Gelatine ausdrücken und leicht unter die Masse heben. Die obere Hälfte des Kuchens (Belag und etwa 1/2 cm Kuchenboden) in Portionsstücke schneiden. Auf die untere Hälfte des Kuchenbodens die Vanillesahne verteilen und darauf den bereits portionierten Boden setzen.

»Frankfurter« Brenten

Zutaten:

250 g fertige Marzipanrohmasse
50 g Staubzucker
1 Eiweiß
etwas Rosenwasser

Zubereitung:

Für Frankfurter Brenten verwendet man Holzmodeln.
Die Marzipanrohmasse zusammen mit dem Staubzucker, dem Mehl und dem Eiweiß so lange kneten, bis ein fester Teig entsteht. Mehl auf den Tisch stäuben und den Teig darauf 1/2 cm dick ausrollen. Die Holzmodel mit Mehl bestäuben, den Teig hineingeben und fest eindrücken. Mit einem Teigschaber leicht über die Modeln ziehen, um so den überflüssigen Teig zu entfernen. Ein Backblech mit Alufolie auslegen und die Brenten drauflegen. Etwa 24 Stunden trocknen lassen. Anschließend im vorgeheizten Backofen bei 140 Grad etwa 15 Minuten backen.

Gewürzkuchen

Zutaten:

125 g Butter oder Margarine
200 g Zucker
350 g Mehl
125 g geriebene Mandeln
60 g Kakao
1 Päckchen Vanillezucker
3 Tropfen Bittermandelöl
1 Päckchen Backpulver
4 Eier
1/4 Teel. gemahlene Nelken
1/2 Teel. Zimt
1/2 geriebene Muskatnuß
Abgeriebene Schale einer ungespritzten Zitrone
Abgeriebene Schale einer ungespritzten Orange

Zubereitung:

Die Butter oder die Margarine schaumig rühren. Danach den Zucker, den Vanillezucker, das Salz und die Eier dazugeben und noch einmal kräftig miteinander verrühren. Die Gewürze und die abgeriebene Orangen- und Zitronenschale dazugeben. Noch einmal gründlich mit dem Mixer oder Schneebesen mischen.
In einer anderen Schüssel den Kakao, das Mehl, die Speisestärke und das Backpulver vermischen und durch ein Sieb nach und nach in die Butter- oder Magarine-Zuckermasse rühren. Erst zum Schluß die Milch hinzufügen.
Eine Springform gut ausfetten und mit dem Paniermehl bestreuen. Den Teig hineingeben und in dem vorgeheizten Ofen etwa 60 Minuten bei 190 Grad backen lassen. Danach den Kuchen abkühlen lassen und mit dem Staubzucker bestäuben.

1/4 l Milch
1 Prise Salz
Paniermehl
3 Eßl. Staubzucker
200 g Speisestärke

Gußschnitten oder Mandelhäufchen

Zutaten:

250 g feine Mandelsplitter
250 g Zucker
3 Eiweiß
Saft einer halben Zitrone
etwa 35 runde Obladen
Zimt

Zubereitung:

Das Eiweiß zu steifem Eischnee schlagen. Den Zucker löffelweise vorsichtig unterrühren. Nach und nach die feinen Mandelsplitter untermischen. Ein Backblech mit Obladen auslegen. Mit dem Eßlöffel aus der Mandelmasse kleine Häufchen auf die Obladen setzen. Leicht mit Zimt bestäuben. Das Backblech in den vorgeheizten Ofen schieben und bei 140 Grad etwa 25 Minuten backen lassen.
Sollte die Masse nicht fest genug sein, kann man noch Mandelsplitter hinzufügen.

Käsekuchen á la Stumpf

Zutaten:

500 g Schichtkäse oder Magerquark
3-4 Eier
125 g Butter
250 g Zucker
1 Messersp. Backpulver
Abgeriebene Schale einer halben ungespritzten Zitrone
Puderzucker zum Bestäuben
175 g Grieß

Zubereitung:

Die Butter mit Eigelb, Zucker und der abgeriebenen Zitronenschale schaumig schlagen. Den Schichtkäse oder Magerquark durch ein Sieb passieren, mit Backpulver und Grieß in die Buttermasse geben und gründlich verrühren.
Eiweiß zu festem Schnee schlagen und leicht unter den Teig ziehen.
Eine runde Springform gut ausfetten, den Teig hineingeben und gleichmäßig verteilen. Den Kuchen in den vorgeheizten Backofen schieben und bei 200 Grad etwa 1 Stunde backen. Abkühlen lassen und mit Puderzucker bestäuben. Vorsichtig die Springform öffnen. Erst nach etwa 1/2 Stunde die Springform entfernen.

Kirschmichel

Zutaten:

250 g Weißbrot oder Brötchen in Scheiben geschnitten (manche Hausfrau verwendet auch Schwarzbrot)
1000 g dunkle Süßkirschen
6 Eier
200 g Zucker
1 l Milch
2 cl Kirschwasser
Staubzucker zum Bestäuben
1 Prise Salz
Abgeriebene Schale einer ungespritzten Zitrone
Paniermehl
Butter oder Margarine

Zubereitung:

Eine feuerfeste Form wird mit Butter oder Margarine eingefettet und gleichmäßig mit Paniermehl ausgestreut. Das Weißbrot oder die Brötchen in normal dicke Scheiben schneiden und halbieren. Auf den Boden der Form zunächst schuppenförmig die Weißbrot- oder Brötchenscheiben legen. Darauf die gewaschenen und entkernten Kirschen legen. Wieder eine Weißbrot- oder Brötchenschicht, darauf noch einmal Kirschen. Die letzte Schicht muß jedoch Weißbrot oder Brötchen sein.
In einer Schüssel werden nun die Eier, Zucker, Salz, Zitronenschale, Kirschwasser und die Milch verquirlt. Über den Auflauf gießen und etwa 5 Minuten einweichen lassen.
Den Ofen vorheizen und den Kirschmichel bei 220 Grad 45 Minuten backen lassen. Abschließend mit Staubzucker bestäuben.

Beilage: Vanillesoße, siehe Seite 70

»Frankfurter« Kranz

Zutaten:

435 g Butter
285 g Zucker
6 Eier
100 g Mehl
80 g Speisestärke
1 Päckchen Backpulver
Abgeriebene Schale einer ungespritzten Zitrone
1/2 l Milch
1 Päckchen Vanillepuddingpulver
80 g Rum
100 g gehackte, geröstete Mandeln oder gestoßener Krokant
etwa 15 Cocktailkirschen

Zubereitung:

185 g Butter, 185 g Zucker und die abgeriebene Zitronenschale in einer Schüssel schaumig rühren. Nach und nach die Eier reingeben. In einer Schüssel das Mehl und die Speisestärke vermischen und ebenfalls unter die Butter-Zucker-Masse rühren. Eine Kranzform ausfetten, mit Mehl bestäuben und die Kuchenmasse in die Form geben. Bei 180 Grad etwa 40 Minuten backen lassen. Anschließend den Kuchen auf einen Kuchendraht oder auf ein Blech stürzen und abkühlen lassen.
Für die Creme Vanillepuddingpulver und 100 g Zucker in einer Schüssel mischen und mit etwas kalter Milch anrühren. Die Milch aufkochen lassen, vom Ofen nehmen und nach und nach das angerührte Puddingpulver mit einem Schneebesen in die Milch rühren. Noch einmal kurz aufkochen lassen. Anschließend vom Ofen nehmen und in ei-

nem Wasserbad abkühlen lassen. 250 g Butter schaumig rühren und die kalte Creme unterrühren. Jetzt den erkalteten Kranz zweimal quer durchschneiden. Die Böden mit Rum beträufeln und die Vanillecreme gleichmäßig darüberstreichen. Die Böden wieder zusammensetzen. Mit dem Rest der Creme den Kranz rundherum einstreichen und mit Mandeln oder Krokant bestreuen. Auf den Kranz mit einem Spritzbeutel kleine Cremetupfen spritzen und darauf die Cocktailkirschen setzen.

»Frankfurter« Kreppel

Zutaten:

1000 g Mehl
200 g Butter oder Margarine
100 g Zucker
2 Eier
6 Eigelb
350 g Milch
60 g Hefe
10 g Salz
Abgeriebene Schale einer ungespritzten Zitrone
Aprikosenmarmelade zum Füllen der Kreppel
Öl oder Pflanzenfett
Puderzucker

Zubereitung:

Die Teigzubereitung ist wie beim Bienenstich und ergibt etwa 36 Stück.
Die Milch leicht erwärmen, in eine Schüssel geben und die Hefe darin auflösen. Die Hälfte des Mehls dazugeben und gut verrühren. Den Teig leicht mit Mehl bestäuben, mit einem Küchentuch bedecken und etwa 15 Minuten gehen lassen. In einer anderen Schüssel die Butter oder Margarine, die Eier, den Zucker, die abgeriebene Zitronenschale und die Prise Salz schaumig rühren und unter den gegangenen Teig kneten. Diese Masse so lange unterarbeiten, bis sich der Teig vom Schüsselrand löst und Blasen schlägt. Den Teig mit einem Tuch bedecken und noch einmal 20 Minuten gehen lassen. Den Teig in etwa 500 g schwere Stücke schneiden. Diese Teigstücke in Rollen formen, in 10 Teile schneiden und zu Kugeln rollen. Sie zugedeckt gehen lassen, bis sie zur doppelten Größe aufgegangen sind. Fett in einem Topf zerlassen und die Kreppel bei etwa 140 Grad im schwimmenden Fett von beiden Seiten ausbacken. In die noch warmen Kreppel die Aprikosenmarmelade mit einer Spritztüte füllen. Anschließend mit Puderzucker bestäuben.

Quarktorte Alt Frankfurter Art

Zutaten:

750 g Magerquark
6 Eigelb
20 g Butter
10 g Rosinen
0,1 l Weißwein
6 Eiweiß geschlagen
1 Eßl. Honig
2 Eßl. Mandelsplitter

Zubereitung:

Die Rosinen in kaltem Wasser einweichen. Eigelb in einer Schüssel mit dem Schneebesen oder Mixer schaumig rühren. Den Magerquark hinzugeben und so lange mit dem Eigelb verrühren, bis die Masse geschmeidig ist. Rosinen über ein Sieb abtropfen, und dann im Weißwein aufkochen, erkalten lassen und zusammen mit der ausgelassenen Butter zur Quarkmasse geben. Das Eiweiß zu Schnee schlagen und $^2/_3$ davon ebenfalls darunterheben. Eine Auflaufform ausbuttern und die Quarkmasse hineingeben.
Den Rest Eischnee, Honig und die Madelsplitter gut verrühren und über den Quark geben. In einem vorgewärmten Backofen bei 180 Grad etwa 40 Minuten backen.

Quetschen-Kuchen

Zutaten:

1500 g Zwetschen
Zucker, Zimt
250 g Mehl
20 g Hefe
$^1/_8$ l lauwarme Milch
1 Eigelb
1 Prise Salz
Butter oder Margarine

Zubereitung:

Das Mehl in eine Süssel geben, in die Mitte eine Vertiefung drücken und die Hefe einbröckeln. Mit etwas lauwarmer Milch und 25 g Zucker zu einem kleinen Teig rühren. Diesen Vorteig mit Mehl bestäuben, mit einem Küchentuch bedecken und etwa 10 bis 20 Minuten an einem warmen Platz aufgehen lassen. Danach 50 g Butter oder Margarine zergehen lassen und zusammen mit der restlichen Milch, dem Eigelb und der Prise Salz in die Schüssel geben und zu einem Teig kneten. Den Teig anschließend schlagen bis er sich vom Schüsselrand löst. Noch einmal mit Mehl bestäuben und 30 Minuten gehen lassen.
Mehl auf den Tisch stäuben, den Teig ausrollen. Ein Backblech mit Butter oder Margarine einfetten, den ausgerollten Teig daraufgeben und die Kanten hochknicken, damit kein Zwetschensaft herunterlaufen kann.
Zwischendurch die Zwetschen waschen und entsteinen. Sie dann schuppenartig auf den Teig legen, mit Zucker nach Geschmack bestreuen und wiederum etwa 15 Minuten gehen lassen. Den Kuchen danach in den vorgeheizten Backofen geben und etwa 30 Minuten backen. Dann mit Zucker und Zimt bestreuen.

Sachsenhäuser

Register

Bildnachweis

Die Spruchvignetten auf den Seiten 12, 58, 61, 64, 68, 72, 74, 89, 92, 104, 106 stammen aus der Sammlung Eva Stille, Frankfurt a. M. und wurden 1979 in der Ausstellung »Gestickte Sprüche für Haus und Küche« des Historischen Museums gezeigt. Unter dem gleichen Titel hat der Verlag Dieter Fricke GmbH. den Katalog der Ausstellung herausgegeben, der auch die Vignette auf S. 30 (aus »Das Kränzchen«, 1895/6) enthält.
Die Trachtengruppen wurden nach dem Werk »Alt Frankfurter Trachten« – Von den ersten geschichtlichen Spuren an bis ins 19. Jahrhundert von Friedrich Hottenroth, Frankfurt am Main 1912, (Stadt- und Universitäts-Bibliothek, Frankfurt a. M.) wiedergegeben.

CIP-Kurztitelaufnahme der Deutschen Bibliothek
Frankfurter Kochbuch / [Ausw. d. Rezepte u.
Red.: Ingeborg Bäumler.]
– Frankfurt am Main : Societäts-Verlag, 1980.
ISBN 3-7973-0331-9
NE: Bäumler, Ingeborg [Hrsg.]